글 소피 크레퐁
프랑스 역사 잡지와 학술지 편집장으로 일했고, 어린이를 위한 정보책을 여러 권 썼어요.

그림 뱅상 베르지에
프랑스에서 활동하는 만화가예요. 어린이와 청소년을 위한 책에 그림을 그리고 있어요.

그림 로랑 클링
프랑스에서 활동하는 일러스트레이터로 잡지와 청소년 책에 그림을 그리고 있어요. 자연에서 영감을 받은 작품으로 많은 사랑을 받고 있어요.

옮김 김현희
한국외국어대학교를 졸업하고 프랑스어와 영어로 된 책을 우리말로 옮기는 일을 하고 있어요.
옮긴 책으로는 《내 꿈이 최고야》, 《아기 새 둥지가 된 아주 특별한 꼬마 양》, 《세상을 돌고 도는 놀라운 물의 여행》,
《세계 도시의 모든 것》, 《지도와 그림으로 보는 참 쉬운 세계사》 등이 있어요.

초판 1쇄 발행 2018년 5월 21일 | **초판 2쇄 발행** 2020년 1월 20일
글 소피 크레퐁 | **그림** 뱅상 베르지에, 로랑 클링 | **옮김** 김현희
펴낸이 홍석 | **전무** 김명희
편집부장 이정은 | **편집** 차정민·이은경 | **편집 진행** 신동경 | **디자인** 자자주
마케팅 홍성우·이가은·이송희 | **관리** 김정선·정원경·최우리
펴낸곳 도서출판 풀빛 | **등록** 1979년 3월 6일 제8-24호
주소 서울특별시 서대문구 북아현로 11가길 12 3층 (북아현동, 한일빌딩)
전화 02-363-5995(영업) 02-362-8900(편집) | **팩스** 02-393-3858
전자우편 kids@pulbit.co.kr | **홈페이지** www.pulbit.co.kr

ISBN 979-11-6172-077-7 73980

이 도서의 국립중앙도서관 출판예정도서목록(CIP)는 서지정보유통지원시스템홈페이지(http://seoji.nl.go/kr)와
국가자료공동목록시스템(http://www.nl.go.kr/kolisnet)에서 이용하실 수 있습니다.(CIP제어번호:CIP2018011997)

인구는 세계은행에서 발행하는 세계개발지표(2016년)의 인구 통계를 따랐습니다.

Le trés grand livre des drapeaux et des pays, text by Sophie Crépon, illustrations by Vincent Bergier and Laurent Kling
Copyright © Larousse 2016
All rights reserved.
Korean translation rights © 2018 Pulbit Publishing
Korean translation rights are arranged with Editions Larousse through AMO Agency Korea.
이 책의 한국어판 저작권은 AMO에이전시를 통해 저작권자와 독점 계약한 풀빛에 있습니다.
신 저작권법에 의해 한국 내에서 보호를 받는 저작물이므로 무단 전재와 무단 복제를 금합니다.

* 파본이나 잘못된 책은 구입하신 곳에서 바꿔 드립니다.

세계 국기 대백과

글 소피 크레퐁
그림 뱅상 베르지에 · 로랑 클링
옮김 김현희

풀빛

차례

유럽 4

독일 …… 4	에스토니아 …… 11	몰도바 …… 17
알바니아 …… 6	헝가리 …… 11	몰타 …… 18
안도라 …… 6	보스니아 헤르체고비나 …… 11	모나코 …… 18
벨기에 …… 6	불가리아 …… 11	포르투갈 …… 19
오스트리아 …… 6	러시아 …… 12	영국 …… 20
벨라루스 …… 6	프랑스 …… 14	체코 …… 22
키프로스 …… 7	네덜란드 …… 16	스위스 …… 22
스페인 …… 8	룩셈부르크 …… 16	산마리노 …… 22
이탈리아 …… 9	리히텐슈타인 …… 16	바티칸 시국 …… 22
아이슬란드 …… 10	몬테네그로 …… 16	스웨덴 …… 22
아일랜드 …… 10	노르웨이 …… 16	우크라이나 …… 23
덴마크 …… 10	라트비아 …… 17	슬로베니아 …… 23
크로아티아 …… 10	마케도니아 …… 17	루마니아 …… 23
핀란드 …… 11	리투아니아 …… 17	세르비아 …… 23
그리스 …… 11	폴란드 …… 17	슬로바키아 …… 23

기가 처음 생겨난 것은 언제일까요? …… 24-25

아시아 26

부탄 …… 26	이스라엘 …… 32	투르크메니스탄 …… 40
브루나이 …… 27	이란 …… 32	시리아 …… 40
중국 …… 28	요르단 …… 32	파키스탄 …… 40
대만 …… 29	카자흐스탄 …… 33	예멘 …… 40
조지아 …… 30	쿠웨이트 …… 33	카타르 …… 40
아르메니아 …… 30	일본 …… 33	타지키스탄 …… 41
아프가니스탄 …… 30	라오스 …… 33	싱가포르 …… 41
사우디아라비아 …… 30	대한민국 …… 34	태국 …… 41
아제르바이잔 …… 30	인도 …… 35	베트남 …… 41
아랍 에미리트 …… 30	키르기스 …… 36	
방글라데시 …… 31	필리핀 …… 36	
바레인 …… 31	스리랑카 …… 37	
북한 …… 31	우즈베키스탄 …… 38	
인도네시아 …… 31	오만 …… 38	
이라크 …… 32	미얀마 …… 38	
레바논 …… 32	몰디브 …… 38	
	몽골 …… 38	
	말레이시아 …… 38	
	터키 …… 39	

국기는 어떤 역할을 할까요? …… 42-43

아프리카 44

남아프리카 공화국 … 44	기니 … 52	나미비아 … 59
이집트 … 46	가나 … 52	마다가스카르 … 59
알제리 … 48	적도 기니 … 52	모리셔스 … 59
카보베르데 … 48	에리트레아 … 53	튀니지 … 60
부르키나파소 … 48	가봉 … 53	세네갈 … 60
베냉 … 48	지부티 … 53	시에라리온 … 60
카메룬 … 48	에티오피아 … 53	토고 … 60
중앙아프리카 공화국 … 49	콩고 민주 공화국 … 53	르완다 … 60
앙골라 … 49	콩고 … 53	차드 … 61
부룬디 … 49	우간다 … 54	탄자니아 … 61
코모로 … 49	상투메 프린시페 … 54	수단 … 61
보츠와나 … 49	스와질란드 … 55	남수단 … 61
케냐 … 50	잠비아 … 56	소말리아 … 61
레소토 … 50	짐바브웨 … 57	
라이베리아 … 51	모로코 … 58	
말라위 … 51	모리타니 … 58	
코트디부아르 … 52	말리 … 58	
감비아 … 52	니제르 … 58	
기니비사우 … 52	나이지리아 … 58	
	리비아 … 59	

세상에나! 이게 정말 국기일까요? … 62-63

아메리카 64

아르헨티나 … 64	칠레 … 67	영국령 제도 … 78
벨리즈 … 66	브라질 … 68	프랑스령 제도 … 78
코스타리카 … 66	캐나다 … 70	네덜란드령 제도 … 78
온두라스 … 67	미국 … 72	자메이카 … 78
콜롬비아 … 67	에콰도르 … 74	세인트키츠 네비스 … 79
볼리비아 … 67	과테말라 … 74	도미니카 공화국 … 79
가이아나 … 67	멕시코 … 75	앤티가 바부다 … 79
	엘살바도르 … 76	세인트루시아 … 79
	파나마 … 76	세인트빈센트 그레나딘 … 79
	페루 … 76	트리니다드 토바고 … 79
	파라과이 … 76	쿠바 … 80
	베네수엘라 … 77	그레나다 … 81
	수리남 … 77	아이티 … 81
	우루과이 … 77	
	푸에르토리코 … 78	
	바하마 … 78	

국경 없는 깃발들 … 82-83

오세아니아 84

	팔라우 … 86	
	마셜 제도 … 87	
	사모아 … 87	키리바시 … 88
오스트레일리아 … 84	피지 … 87	뉴질랜드 … 88
미크로네시아 … 86	프랑스령 폴리네시아 … 87	파푸아 뉴기니 … 89
나우루 … 86	쿡 제도 … 87	투발루 … 90
동티모르 … 86	니우에 … 87	바누아투 … 91
솔로몬 제도 … 86	통가 … 87	

시대에 따라 변하는 국기 … 92-93

유럽

독일

공용어: 독일어

인구: 8267만 명

정치 체제: 공화제

수도: 베를린

현재의 독일 국기는 1848년에 처음으로 공식 채택되었어요. 세 가지 색은 국가의 통일과 자유를 위한 투쟁을 상징해요.

✱ 검정과 빨강은 중세 시대 신성 로마 제국[1]의 황실 문장이었던 독수리의 깃털과 발톱에서 딴 거예요.

✱ 노랑은 황금빛으로 물든 밀밭을 나타내요.

1. 신성 로마 제국은 현재의 독일과 중부 유럽의 대부분을 지배했어요.

역사 수첩

19세기에는 독일이라는 나라가 없었어요. 당시에 독일은 작은 나라들로 나뉘어 있었거든요. 1815년에 학생들이 중심이 되어 통일 국가를 세우기 위한 정치적 운동을 일으켰어요. 이 학생들은 대부분 나폴레옹 1세에 맞서 싸운 군인이기도 했지요. 현재의 독일 국기를 이루는 세 가지 색깔인 검정, 빨강, 노랑은 이들의 군복과 황실 문장을 참고해서 고른 거예요.

깜짝 기록

3.5km

2014년, 길이가 3.5km에 이르는 독일 국기가 방글라데시의 한 경기장에 등장했어요. 그해에 열린 축구 월드컵 결승전에서 아르헨티나와 싸우게 된 독일 국가 대표 팀을 응원하려고 한 농부가 바느질로 만든 거였답니다.

1990년 10월 3일

1961년부터 1989년까지 독일은 콘크리트 담장과 국경선으로 나뉜 분단국가였어요. 서쪽에는 독일 연방 공화국(서독), 동쪽에는 독일 민주 공화국(동독)이 있었지요. 1989년 11월 11일, 마침내 베를린 장벽이 무너졌고, 이듬해인 1990년 10월 3일에 통일이 공식 선포되었어요. 이날은 독일의 국경일이 되었답니다.

알고 있나요?

아돌프 히틀러가 독재 권력을 휘두르던 1933년부터 1945년까지, 독일에서는 국기 대신에 나치스 깃발이 휘날렸어요. 빨간 바탕에 흰 동그라미가 있고, 그 안에 만(卍)자를 거꾸로 써넣은 깃발이었지요.

유럽

알바니아

공용어: 알바니아어
인구: 288만 명
정치 체제: 공화제

알고 있나요?
알바니아 사람들을 '독수리 민족'이라고 부르기도 해요.

안도라

공용어: 카탈루냐어
인구: 7만 7281명
정치 체제: 입헌 군주제

알고 있나요?
안도라에는 2명의 군주가 있어요. 스페인 쪽에서는 우르헬 지역의 주교가, 프랑스 쪽에서는 대통령이 이 역할을 맡고 있지요! 하지만 총리는 의회에서 선출해요. 이런 특징은 국기에도 잘 나타나요. 이 나라 국기를 프랑스, 스페인 국기와 비교해 보세요.

오스트리아

공용어: 독일어
인구: 875만 명
정치 체제: 공화제

알고 있나요?
오스트리아 국기는 13세기에 벌써 나타났어요. 정말 오래되었지요? 하지만 공식 국기로 채택된 것은 1786년이에요.

수도: 티라나
수도: 빈
수도: 안도라라베야
수도: 브뤼셀

벨기에

공용어: 네덜란드어, 프랑스어, 독일어
인구: 1135만 명
정치 체제: 입헌 군주제

알고 있나요?
벨기에의 국가 표어는 '단결이 곧 힘이다.'예요.

벨라루스

공용어: 벨라루스어, 러시아어
인구: 951만 명
정치 체제: 공화제

수도: 민스크

키프로스

- 공용어: 그리스어, 터키어
- 인구: 117만 명
- 정치 체제: 공화제
- 수도: 니코시아

✱ 흰색 바탕과 녹색 올리브나무 가지에는 그리스계 국민과 터키계 국민들이 평화롭게 협력하며 살기를 바라는 마음이 담겨 있어요.

✱ 키프로스섬을 주황으로 표현한 것은 이 섬에 구리가 많이 묻혀 있기 때문이에요.

깜짝 기록
국기에 국토의 모양을 그려 넣은 나라는 키프로스뿐이에요.

국민 대부분이 그리스계와 터키계인 키프로스는 1878년부터 영국의 식민 지배를 받았어요. 1960년에 독립을 이룬 뒤 자신들의 국기를 새로 만들었어요.

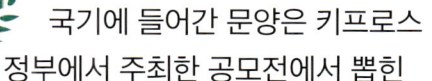

국기에 들어간 문양은 키프로스 정부에서 주최한 공모전에서 뽑힌 작품이에요. 당시 참가자들은 중립적인 문양을 생각해 내야 했어요. 십자가 같은 기독교 상징이나 초승달 같은 이슬람교 상징은 피해야 했고, 그리스와 터키 국기에 사용된 파란색과 빨간색도 절대 사용할 수 없었지요.

역사 수첩

키프로스가 분단국가라고?

1974년, 키프로스가 그리스로 넘어가는 것을 막는다며 터키 군대가 키프로스 북부를 불법으로 점령했어요. 현재 북부와 남부의 경계 지역을 국제 연합 군대가 지키고 있어요.

유럽 스페인

* 두 기둥은 카나리아 제도와 발레아레스 제도를 상징해요. '헤라클레스의 기둥'을 나타내기도 하지요. 스페인과 아프리카 대륙 사이의 지브롤터 해협 양편에 하나씩 솟은 바위산을 '헤라클레스의 기둥'이라고 불러요.

* 사자, 석류, 쇠사슬은 오래전에 존재했던 레온 왕국, 그라나다 왕국, 나바라 왕국을 나타내요.

* 백합꽃은 한때 프랑스를 지배했던 왕실 가문인 부르봉의 상징이에요. 17세기 프랑스의 루이 14세도, 현재 스페인의 국왕인 펠리페 6세도 모두 부르봉 왕가 출신이지요.

수도: 마드리드

공용어: 스페인어, 카탈루냐어, 갈리시아어, 바스크어

인구: 4644만 명

정치 체제: 입헌 군주제

* 성채와 줄무늬 문장은 각각 카스티야 왕국과 아라곤 왕국의 상징이에요. 1469년, 두 나라의 군주가 결혼하면서 탄생한 연합 왕국이 스페인 역사에서 중심 역할을 했어요.

* 붉은 휘장에 적힌 'PLVS VLTRA'는 '더 멀리'라는 뜻의 라틴어예요. 이 글귀에는 수백 년 전, 새 바닷길 개척에 나섰던 스페인 사람들을 기리는 뜻이 담겨 있어요.

1785년

1785년, 스페인 국왕 카를로스 3세가 자신의 전함에 빨강, 노랑, 하양, 파랑이 들어간 깃발을 처음으로 걸게 했어요. 현재의 국기가 공식 채택된 것은 1981년이에요.

알고 있나요?

스페인의 일반 시민들은 문장이 빠진 국기도 사용할 수 있어요. 이 문제에 관한 구체적 법률 조항이 없기 때문이지요. 하지만 다른 나라들은 반드시 정해진 형태의 국기를 사용하도록 엄격하게 제한하지요.

깜짝 기록

2002년부터 마드리드의 콜론 광장에는 가로 21m, 세로 14m에 이르는 거대한 스페인 국기가 휘날리고 있어요.

이탈리아

✱빨간색은 19세기 중반에 세 차례나 벌어진 이탈리아 독립 전쟁에서 희생된 사람들의 피와 박애를 상징해요.

✱초록색은 이탈리아 중심부에 있는 아펜니노산맥의 푸르른 언덕과 희망을 나타내요.

✱하얀색은 알프스에 덮인 눈과 신뢰를 상징해요.

공용어: 이탈리아어

인구: 6060만 명

정치 체제: 공화제

수도: 로마

이탈리아 국기는 이탈리아를 정복한 나폴레옹 1세가 프랑스 국기를 본보기로 만들었다는 이야기가 있어요. 그게 아니라 오래전 밀라노를 지키던 군인들의 제복에서 영감을 얻은 거라는 주장도 있지요. 아무튼 현재의 국기는 1797년 1월 7일에 공식 채택되었어요.

알고 있나요?

이탈리아 배들은 베네치아, 제노바, 아말피, 피사 등 이탈리아 역사상 가장 유명한 네 도시 국가의 문장이 포함된 국기를 달아요.

성 마르코의 사자 (베네치아)
성 게오르기우스의 십자가 (제노바)
몰타 십자가 (아말피)
네 잎 클로버 모양의 십자가 (피사)

토막 상식

이탈리아를 대표하는 피자인 마르게리타 피자는 1889년 이탈리아의 한 요리사가 사보이의 마르게리타 왕비를 위해 처음 만들었어요. 빨간 토마토소스, 흰 모차렐라 치즈, 초록빛 바질잎이 들어가는 이 피자는 이탈리아의 삼색기에 대한 경의의 표시이기도 해요.

1월 7일

이탈리아에서 1월 7일은 '국기의 날' 또는 '삼색기의 날'이라고 부르는 국경일이에요.

유럽

아이슬란드

공용어: 아이슬란드어
인구: 33만 4252명
정치 체제: 공화제

수도: 레이캬비크

아일랜드

공용어: 아일랜드어, 영어
인구: 477만 명
정치 체제: 공화제

수도: 더블린

알고 있나요?
아일랜드의 공식 상징물은 아이리시 하프예요. 하지만 이 나라의 럭비 선수들은 하프 대신 클로버를 새긴 유니폼을 즐겨 입어요.

덴마크

공용어: 덴마크어
인구: 573만 명
정치 체제: 입헌 군주제

수도: 코펜하겐

알고 있나요?
1219년, 나라의 운명을 결정할 중대한 전투를 앞둔 어느 날, 덴마크 하늘에 흰 십자가가 나타났어요. 이런 까닭으로 '스칸디나비아 십자가'라고 부르는 이 상징이 덴마크 국기에 들어가게 되었답니다.

크로아티아

공용어: 크로아티아어
인구: 417만 명
정치 체제: 공화제

수도: 자그레브

핀란드

공용어: 핀란드어, 스웨덴어
인구: 550만 명
정치 체제: 공화제

수도: 헬싱키

에스토니아

공용어: 에스토니아어
인구: 132만 명
정치 체제: 공화제

✱ 파란색은 바다와 하늘을 상징해요.
✱ 검정색은 땅과 고난을 뜻해요.
✱ 하얀색은 눈과 희망을 상징해요.

수도: 탈린

헝가리

수도: 부다페스트

공용어: 헝가리어
인구: 982만 명
정치 체제: 공화제

보스니아 헤르체고비나

공용어: 보스니아어, 세르비아어, 크로아티아어
인구: 352만 명
정치 체제: 공화제

수도: 사라예보

수도: 소피아

불가리아

알고 있나요?
불가리아 국기에서 초록은 농업과 숲을 상징해요. 이 나라는 국토의 4분의 1이 푸르른 숲으로 덮여 있어요.

공용어: 불가리아어
인구: 713만 명
정치 체제: 공화제

그리스

수도: 아테네

공용어: 그리스어
인구: 1075만 명
정치 체제: 공화제

✱ 흰색과 파란색 가로줄의 수(9개)는 그리스의 국가 표어인 '자유가 아니면 죽음을'을 그리스어로 썼을 때의 음절 수와 같아요.

11

유럽 — 러시아

- 공용어: 러시아어
- 인구: 1억 4434만 명
- 정치 체제: 공화제
- 수도: 모스크바

현재의 러시아 국기는 1799년에 처음 채택되었어요. 러시아 혁명 뒤에 세워진 소비에트 연방(소련)은 다른 국기를 사용했어요. 그러다가 소비에트 연방이 해체된 1991년 8월 22일에 다시 러시아의 국기가 되었어요.

*삼색기의 색깔은 모스크바의 문장에서 딴 거예요. 하지만 러시아 정부가 공식적으로 이 문장에 특별한 의미를 두는 것은 아니에요.

17세기 러시아 황제인 표트르 대제는 유럽을 무척 좋아했어요. 네덜란드의 문장을 본떠 국가 문장을 만들었다는 말이 전할 정도지요. 러시아 국기는 표트르 대제가 만든 문장을 변형한 거예요.

8월 22일

러시아에서 8월 22일은 '국기의 날'이라는 국경일이에요. 1994년 보리스 옐친 대통령이 처음 지정한 이 날에는 국가 문장이 들어간 국기를 게양해요.

✱ 국가 문장에 등장하는 독수리는 머리가 둘에 왕관을 세 개나 쓰고, 발로 왕홀을 움켜쥐고 있어요. 힘을 상징하는 이 문장은 옛 러시아 황제의 무기에 처음 새겼어요. 당시 러시아 제국은 동서로 세력을 확장하려는 야망이 넘쳤답니다.

역사 수첩

1917년, 러시아 국민들은 혁명을 일으켰고, 이듬해에 마지막 황제 니콜라이 2세와 그 가족을 처형한 뒤 공화정을 선포했어요. 이후 러시아는 1922년 12월 30일에 소비에트 사회주의 공화국 연방(줄여서 소비에트 연방 또는 소련)에 가입했지요. 소련은 하양, 파랑, 빨강의 삼색기 대신 빨간 바탕에 낫과 망치(농부와 노동자의 상징), 황금빛 테두리의 별(붉은 군대의 상징)이 그려진 국기를 공식적으로 사용했어요. 하지만 1991년 소련이 붕괴하면서 이 국기도 쓸모가 없어졌답니다.

깜짝 기록

15개의 공화국으로 이루어진 소련은 한때 세계에서 가장 큰 나라였어요. 국토의 넓이가 약 2200만 km²로 한반도보다 100배쯤 더 넓었지요!

토막 상식

2007년, 러시아는 깊이가 4261m에 이르는 북극해 바닥에 국기를 꽂았어요. 이 깃발은 특수한 도료를 칠해서 바닷물의 소금기에도 색깔이 변할 염려가 없어요.

알고 있나요?

러시아 정부 청사는 영어로 'White House', 우리말로 '백악관'이라고 불러요. 미국 대통령이 일하는 곳과 이름이 똑같아요.

1789년, 혁명 지도자인 라파예트 장군은 루이 16세에게 파랑, 하양, 빨강의 삼색 휘장을 몸에 두르고 다니라고 요구했어요. 5년 뒤, 혁명 세력은 이 휘장을 변형하여 국기를 만들었지요. 전하는 이야기에 따르면, 세 가지 색깔의 차례를 정한 사람은 프랑스 화가 자크 루이 다비드였대요.

역사 수첩

잠시 사라졌다가 돌아온 삼색기!

1814년에서 1830년까지 프랑스에서 군주제가 부활했어요. 이 기간에 삼색기는 자취를 감추었고, 대신 샤를 10세가 정한 흰색 바탕에 백합꽃 문장을 그린 국기를 사용했어요. 그러다가 1848년에 다시 혁명이 일어나면서 이번에는 전체적으로 빨간색인 깃발이 등장했지요. 하지만 1848년 2월 25일, 시인 라마르틴이 군중을 설득하여 파랑, 하양, 빨강의 삼색기를 다시 살려 냈답니다.

깜짝 기록

10000유로

가장 비싼 프랑스 국기는 가격이 1만 유로(약 1300만 원)나 돼요! 삼색 비단을 손바느질로 정성스레 이어 붙인 이 국기는 중요한 행사 때를 빼고는 벽장 속에 꽁꽁 숨겨 둔답니다.

알고 있나요?

프랑스 군인은 특별히 엄격하게 국기를 다루어요. 우선 국기가 땅이나 물에 절대 닿지 않게 조심해요. 병영에서는 매일 해가 뜨면 빠르게 국기를 올리고, 해가 지면 반대로 천천히 내려요. 밤에는 불빛이 없는 곳에서 국기를 펼치는 것조차 금지예요.

유럽

네덜란드

공용어: 네덜란드어
인구: 1702만 명
정치 체제: 입헌 군주제

수도: 암스테르담

알고 있나요?
네덜란드는 1572년에 세계 최초로 가로 줄무늬 국기를 만들었어요. 러시아 황제 표트르 대제는 17세기에 유럽에서 선박 제조 기술을 배웠는데, 네덜란드 깃발을 본떠 러시아 해군의 깃발을 만들었대요.

룩셈부르크

공용어: 룩셈부르크어, 프랑스어, 독일어
인구: 58만 2972명
정치 체제: 입헌 군주제

수도: 룩셈부르크

알고 있나요?
룩셈부르크 국기는 네덜란드 국기와 거의 똑같아요. 룩셈부르크의 파랑은 하늘색에 가깝지만, 네덜란드의 파랑은 짙은 바다색이라는 점이 다를 뿐이지요.

리히텐슈타인

공용어: 독일어
인구: 3만 7666명
정치 체제: 입헌 군주제

수도: 파두츠

노르웨이

공용어: 노르웨이어
인구: 523만 명
정치 체제: 입헌 군주제

수도: 오슬로

몬테네그로

공용어: 몬테네그로어
인구: 62만 2781명
정치 체제: 공화제

알고 있나요?
몬테네그로는 이탈리아어로 '검은 산'이라는 뜻이에요. 알프스산맥에 속하는 이 지역이 한때 울창한 숲이었기 때문에 붙은 이름이에요.

수도: 포드고리차

라트비아

공용어: 라트비아어
인구: 196만 명
정치 체제: 공화제

알고 있나요?
라트비아 국기의 붉은색은 중세 시대 전사들의 옷을 염색할 때 썼던 블랙베리즙처럼 검붉은 빛을 띠어요.

수도: 리가

리투아니아

공용어: 리투아니아어
인구: 287만 명
정치 체제: 공화제

✱ 리투아니아 국기의 노랑은 밀과 자유를 상징해요.
✱ 초록은 숲과 희망을 나타내요.
✱ 빨강은 애국심이에요!

수도: 빌뉴스

폴란드

공용어: 폴란드어
인구: 3795만 명
정치 체제: 공화제

수도: 바르샤바

몰도바

공용어: 루마니아어
인구: 355만 명
정치 체제: 공화제

수도: 키시너우

마케도니아

공용어: 마케도니아어
인구: 208만 명
정치 체제: 공화제

수도: 스코페

알고 있나요?
마케도니아 국기의 태양은 1977년에 그리스 북부에서 발굴된 한 무덤에 새겨진 문장에서 따온 거예요. 이 무덤의 주인은 알렉산드로스 대왕의 아버지인 필리포스 2세일 거라고 해요.

유럽 — 몰타

✱빨강과 하양은 중세 기사들이 만든 단체인 몰타 기사단을 상징하는 색깔이에요. 몰타 기사단은 현재도 존재해요.

- 공용어: 몰타어, 영어
- 인구: 43만 6947명
- 정치 체제: 공화제
- 수도: 발레타

✱이것은 '조지 십자 훈장'의 모양이에요. 2차 세계 대전 때 나치스에 맞서 싸우는 데 공을 세운 몰타 기사단에게 영국에서 1942년에 수여했지요. 훈장 안쪽에 새긴 'For Gallantry'라는 영어 글자는 '용맹을 기리며'라는 뜻이에요.

알고 있나요?
몰타어는 아랍어의 한 갈래이지만, 영어 알파벳과 비슷한 로마자를 사용해요. 세계에서 이렇게 특별한 언어는 몰타어뿐이에요.

몰타 국기는 1964년 9월 21일에 제정되었어요. 이날은 몰타가 영국으로부터 독립한 날이기도 해요.

모나코

- 공용어: 프랑스어
- 인구: 3만 8499명
- 정치 체제: 입헌 군주제
- 수도: 모나코

역사 수첩
아주 오래된 군주 가문

이탈리아 출신의 그리말디 가문은 14세기부터 모나코를 지배했어요. 전설에 따르면, 1297년 1월 8일 밤, 프란체스코 그리말디가 수도사로 변장해 모나코 요새에 몰래 침입한 뒤, 문을 열었어요. 병사들이 그 문으로 들어가 모나코를 정복했지요. 모나코는 오늘날 대공 알베르 2세가 통치하는 공국이에요.

✱빨강과 하양은 왕족인 그리말디 가문의 전통 색깔로, 왕실 문장에도 쓰여요.

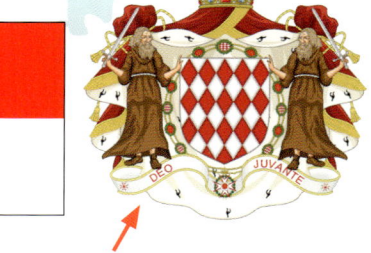

✱모나코의 국가 표어인 'DEO JUVANTE'는 '하느님의 도움이 함께하기를'이라는 뜻이에요.

알고 있나요?
모나코의 일반 가정은 왕실 문장이 들어간 국기를 소유할 수 없어요. 이런 국기는 정부 기관에서만 쓰지요. 빨강과 하양, 두 색으로 만든 국기는 누구나 살 수 있어요.

포르투갈

수도: 리스본

공용어: 포르투갈어

인구: 1032만 명

정치 체제: 공화제

✗ 초록은 희망을 상징해요.
✗ 빨강은 1910년 10월 5일에 일어난 혁명을 의미해요.

이 문장은 중세에 기독교도와 무어인[2] 사이에 벌어졌던 전쟁을 떠올리게 해요. 파란 방패 다섯 개는 12세기 포르투갈 왕인 아폰수 1세에게 참패한 이슬람 군주 다섯 명과 예수 그리스도가 입은 상처 다섯 군데를 상징해요. 일곱 개의 노란 성은 무어인에게서 되찾은 도시들을 뜻하지요.

문장의 전체적인 모양은 혼천의를 본뜬 거예요. 여러 개의 금속 고리로 이루어진 혼천의는 오래전 천체의 움직임과 위치를 관측할 때 썼던 기구예요. 여기에서는 고대 포르투갈 제국과 16~17세기 대항해 시대의 수많은 탐험가를 상징하지요.

역사 수첩

왕은 이제 필요 없다!

1910년 10월 5일, 포르투갈 사람들은 1789년에 프랑스 사람들이 그랬던 것처럼, 당시 왕이었던 마누엘 2세를 왕위에서 끌어내리고 공화제를 선포했지요!

토막 상식

프랑스와 마찬가지로 포르투갈에서도 닭을 정의와 행운의 상징으로 여겨요. 이는 '바르셀루스의 닭'이라는 전설에서 비롯되었지요. 어느 날, 바르셀루스라는 도시에서 한 순례자가 억울하게 죄를 뒤집어쓰게 되었어요. 교수대에 선 순례자는 재판관들을 만나게 해 달라고 부탁했어요. 마침 재판관들은 잔치를 벌이고 있었지요. 순례자는 잔칫상에 놓인 통닭구이를 가리키며 "나는 맹세코 죄가 없소. 이 사실은 내 목을 매다는 순간에 저 닭이 큰 소리로 울어서 증명할 것이오!" 하고 외쳤어요. 물론, 아무도 그 말을 믿지 않았지요. 바로 그때, 통닭이 살아나 우렁차게 울었어요. 순례자는 누명을 벗고 제 갈 길로 갈 수 있었답니다.

2. 무어인: 8세기 무렵 스페인에 살았던 이슬람교도.

유럽 — 영국

- 공용어: 영어
- 인구: 6564만 명
- 정치 체제: 입헌 군주제
- 수도: 런던

영국은 잉글랜드, 스코틀랜드, 웨일스, 북아일랜드로 이루어져 있어요. 현재의 영국 국기에는 이 지역들의 자취가 남아 있어요.

*성 게오르기우스의 십자가는 잉글랜드를 나타내요. 성 게오르기우스는 4세기의 기독교 순교자이자, 중세 기사들의 수호성인이에요.

*성 안드레아의 십자가는 스코틀랜드를 상징해요. 안드레아는 예수 그리스도를 따르던 열두 제자 가운데 한 명이에요.

*아일랜드를 대표하는 성 패트릭의 십자가는 뒤늦게 위의 두 가지 십자가와 합쳐졌어요. 성 패트릭은 5세기에 아일랜드 사람들에게 예수 그리스도의 복음을 전했어요.

역사 수첩

영국은 규모가 점점 커진 나라예요. 먼저 16세기에 잉글랜드가 웨일스를 흡수했고, 1603년에는 여기에 스코틀랜드가 합쳐졌어요. 이후 1801년 1월 1일에는 아일랜드까지 병합했고, 바로 이날 현재의 영국 국기가 제정되었어요.

알고 있나요?

영국 국기의 별명은 유니언 잭(Union Jack)이에요. 왜 이런 별명이 붙었는지는 확실하지 않아요. 일부에서는 잉글랜드 또는 스코틀랜드 군인들이 입던 군복에서 실마리를 얻어 만들었기 때문에 잭(Jack)은 곧 '재킷(Jacket)'을 가리킨다고 주장해요. 또, "국기를 영국 군함의 잭처럼 사용하라."는 국왕 찰스 2세의 명령에서 왔다는 의견도 있어요. 배에 거는 작은 깃발을 영어로 잭(jack)이라고 하거든요.

토막 상식

눈치 빠른 어린이라면 유니언 잭에 웨일스의 상징은 없다는 것을 알아챘을 거예요. 2007년 11월, 영국 의회에서 웨일스를 상징하는 붉은 용을 국기에 추가하자는 의견이 나왔지만, 찬성하는 사람은 한 명도 없었답니다.

배에 거는 국기

영국의 선박들은 유니언 잭을 변형한 국기를 걸어요.

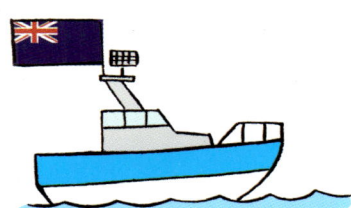

파란색 선기는 해안 경비대나 세관이 이용하는 작은 배에 다는 국기예요.

빨간색 선기는 영국의 상선이나 무역선, 어선 등에 걸어요.

흰색 선기는 영국 해군에 소속된 군함만 쓸 수 있어요.

유럽

체코
공용어: 체코어
인구: 1056만 명
정치 체제: 공화제

스웨덴

공용어: 스웨덴어
인구: 990만 명
정치 체제: 입헌 군주제

수도: 프라하

수도: 스톡홀름

스위스

공용어: 독일어, 프랑스어, 이탈리아어, 로만슈어
인구: 837만 명
정치 체제: 공화제

수도: 베른

알고 있나요?
세계에서 국기가 정사각형인 나라는 스위스와 바티칸 시국뿐이에요.

산마리노
공용어: 이탈리아어
인구: 3만 3203명
정치 체제: 공화제

수도: 산마리노

수도: 바티칸 시국에는 수도가 따로 없어요. 이 나라를 대표하는 건물인 산피에트로 대성당은 로마에 있지요.

알고 있나요?
바티칸 시국은 세계에서 제일 작은 나라로 면적이 우리나라의 경복궁보다 약간 더 큰 0.44㎢밖에 되지 않아요. 인구도 가장 적어서 800명밖에 안 된답니다.

바티칸 시국

공용어: 이탈리아어
인구: 800명
정치 체제: 교황제

✱바티칸 시국 국기에는 성 베드로의 열쇠가 그려져 있어요. 이것은 예수가 제자 베드로에게 준 천국의 열쇠래요!
✱열쇠 위에는 성 베드로의 후계자로서 가톨릭교의 우두머리이자 로마 대주교인 교황이 머리에 쓰는 관이 있어요.

우크라이나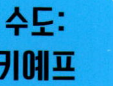

공용어: 우크라이나어
인구: 4500만 명
정치 체제: 공화제

수도: 키예프

루마니아

공용어: 루마니아어
인구: 1971만 명
정치 체제: 공화제

수도: 부쿠레슈티

✳ 루마니아 국기의 삼색은, 예전에는 독립한 나라였지만 현재는 한 나라로 통합된 왈라키아(파랑과 노랑)와 몰다비아(파랑과 빨강)를 나타내요.

세르비아

공용어: 세르비아어
인구: 706만 명
정치 체제: 공화제

수도: 베오그라드

알고 있나요?

2003년까지 세르비아는 유고슬라비아 연방 공화국의 일부였어요. 슬로베니아, 크로아티아, 보스니아 헤르체고비나, 몬테네그로, 마케도니아, 코소보도 유고슬라비아에서 독립한 나라예요.

슬로바키아

공용어: 슬로바키아어
인구: 543만 명
정치 체제: 공화제

수도: 브라티슬라바

✳ 흰색 십자가는 기독교를 상징해요. 십자가의 배경은 슬로바키아에서 가장 유명한 세 산인 타트라, 말라 파트라, 마트러예요. 이 가운데 마트러산은 지금은 헝가리에 속해요.

수도: 류블랴나

슬로베니아

공용어: 슬로베니아어
인구: 206만 명
정치 체제: 공화제

✳ 세 봉우리는 슬로베니아에서 가장 높은 트리글라브산을 나타내요.
✳ 세 별은 옛날에 슬로베니아를 지배했던 첼레의 백작들을 상징해요.
✳ 물결무늬는 바다와 강을 상징해요.

기가 처음 생겨난 것은 언제일까요?

오늘날 쓰이는 국기는 18세기에 처음 만들어졌답니다. 그 전까지 왕이나 귀족들은 자신의 존재를 알리기 위해 고유의 문장을 사용했어요.

1. 기원전 1200년 무렵
고대 이집트 사람들은 전쟁에서 적군과 아군을 구별하기 위해 창끝에 작은 헝겊 조각을 매달았어요. 지중해 연안에 살았던 또 다른 민족인 페니키아 사람들은 배의 돛대에 깃발을 걸었어요.

2. 기원전 4세기
고대 중국에서는 군대가 전쟁에 나갈 때 깃발을 휘날렸어요.

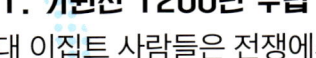

3. 기원전 3세기~기원후 5세기
고대 로마 군대는 정사각형 모양의 군기를 사용했어요. 보통 기병들이 들고 다녔는데, 자신들이 속한 군단을 나타내는 특별한 표식을 새겨 넣었지요.

4. 중세
유럽의 무장 기사들은 동지와 적이 자신을 알아보도록 방패에 독특한 그림(동물, 식물 또는 기하학적 무늬)을 그려 넣었어요. 바로 여기서 문장이 생겨났지요!

문장은 무엇을 상징할까요?

프랑스의 국가 원수들은 19세기까지 문장을 사용했어요. 아래는 나폴레옹 3세(1808~1873)의 문장이에요.

홀은 권력을 상징해요.

황제의 왕관

독수리는 고대 로마에서 승리의 상징이었어요. 로마 신화 속 유피테르(그리스 신화의 제우스) 신의 새이기도 하지요.

꿀벌을 새긴 황제의 망토. 중세부터 꿀벌은 프랑스의 왕을 상징하는 곤충이었어요.

1등급 레지옹 도뇌르 훈장. 이 훈장은 나폴레옹 1세와 나폴레옹 3세 치하에서는 프랑스 황제와 황실의 왕자들만 받았어요. 오늘날에는 새로 선출된 대통령이 취임할 때 받지요.

목걸이 장식에 새긴 글자 'N'은 나폴레옹(Napoléon)을 뜻해요.

오늘날의 국기를 자세히 살펴볼까요?

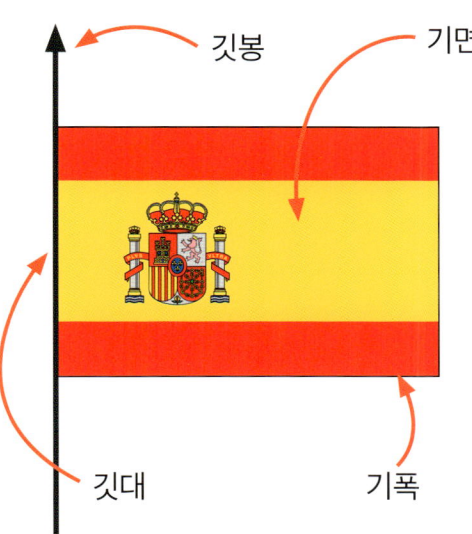

깃봉

기면

깃대

기폭

오늘날 몇몇 나라의 국기에는 문장이 항상 들어가요.

전문 용어

'문장학'은 국가, 집안, 직업 공동체, 지역, 단체 등을 상징하는 문자 또는 그림인 문장을 통해 중세 사회의 문화를 연구하는 학문이에요.

아시아

부탄

수도: 팀푸

공용어: 종카어

인구: 79만 7765명

정치 체제: 입헌 군주제

✱ 용의 흰색은 순수와 정직의 상징이에요.

✱ 노랑은 왕의 권위를 상징해요.

✱ 부탄은 티베트 말로 '드루크 율'이라고 불려요. '용의 나라'라는 뜻이지요. 옛날 부탄 사람들은 산에서 울리는 천둥소리를 용이 울부짖는 소리라고 믿었어요. 국기에 전설 속의 동물인 용이 들어간 것은 이런 까닭이에요.

✱ 용이 발톱으로 움켜쥐고 있는 진주는 부와 풍요를 뜻해요.

✱ 주황은 부탄의 주요 종교인 불교를 나타내요.

역사 수첩

부탄은 인도와 중국 사이에 끼어 있는 작은 산악 국가로, 16세기까지는 여러 영주가 각기 다스리는 지역들로 나뉘어 있었어요. 이런 조건과 지도자들의 뜻에 따라 부탄은 1974년까지도 세계와 외따로 떨어져 있었어요. 하나뿐인 공항은 1981년에 처음 생겼고, 인터넷과 텔레비전은 놀랍게도 1999년에야 비로소 허용되었어요.

깜짝 기록

부탄 공항은 해발 5400m가 넘는 높은 산들에 둘러싸여 있어서, 세계에서 가장 위험한 공항으로 꼽혀요. 이곳에 비행기를 착륙시킬 수 있는 조종사는 10명 정도밖에 안 되지요.

브루나이

공용어: 말레이어

인구: 42만 3196명

정치 체제: 전제 군주제

수도: 반다르스리브가완

✱초승달은 브루나이의 국교인 이슬람교를 나타내요.

✱커다란 양산은 국가의 권위를 상징해요.

✱노랑은 군주인 술탄을 대표하는 색깔이에요.

✱하양과 검정은 가장 중요한 두 대신의 색깔이에요.

역사 수첩

브루나이는 역사가 매우 깊은 나라로, 10세기부터 인도와 중국과 교역 관계를 맺었어요. 1906년부터 영국의 식민 지배를 받다가 1984년에 독립을 쟁취했어요. 현재 국기는 1959년에 만들었어요.

토막 상식

브루나이는 국제 올림픽 경기 대회에 여자 선수를 보내지 않는 유일한 나라예요.

중국

아시아

수도: 베이징

공용어: 중국어

인구: 13억 7867만 명

정치 체제: 공화제

중화인민공화국(중국의 공식 이름)의 국기와 상징은 1949년에 공개 모집으로 정했어요. 공산당 지도자 마오쩌둥이 국가 권력을 잡자마자 한 일이었지요.

✱중국에서는 전통적으로 빨강을 행복과 행운을 상징하는 색깔로 여겨요. 그래서 결혼식에서도 이 색깔을 많이 쓰지요. 중국 국기의 빨강은 공산주의 혁명을 상징해요.

✱5개의 별 가운데 큰 별은 공산당을, 작은 별들은 노동자, 농민, 중산층, 애국적인 부자 등 4개 계층으로 이루어진 중국 사람들을 가리켜요.

✱'하늘의 평안에 이르는 문'이라는 뜻을 지닌 톈안먼은 베이징의 자금성 입구에 서 있어요. 오래전 자금성은 황제와 그의 가족, 신하들이 거주하는 곳이었어요. 오늘날에는 사람들이 아주 많이 찾는 중국의 대표적 건축물로 꼽힌답니다.

✱톱니바퀴는 공장 일과 노동자를 뜻해요.

✱밀 이삭은 땅과 농민을 상징해요.

역사 수첩

공산주의는 19세기에서 20세기로 넘어가는 시점에 생겨난 정치 운동이에요. 사유 재산 제도를 없애고, 모든 권력을 특권층이 아닌 보통 사람들에게 주는 것이 목표이지요. 소비에트 연방(소련)은 1917년에, 중국은 1949년에 각각 공산주의를 채택했어요. 공산주의 중국의 초대 국가 주석은 마오쩌둥이에요. 그 전까지 중국은 수백 년 동안 황제가 지배하는 나라였어요.

토막 상식

2015년에 중국 당국이 공식 발표한 바에 따르면, 2020년에는 달의 뒷면에서 중국 국기가 휘날리는 모습을 볼 수 있을 거래요!

대만

수도: 타이베이

공용어: 중국어
인구: 2357만 명

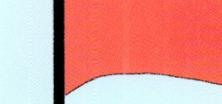

알고 있나요?

중국은 대만이 중화인민공화국(중국)의 일부라고 주장해요. 국제적으로도 그렇게 인정되고 있지요. 하지만 대만은 자신이 독립국이라고 주장해요. 이것 때문에 두 나라 사이와 국제적으로 갈등이 빚어지고 있답니다.

토막 상식

대만에서는 국기를 '청천백일만지홍기'라는 멋진 이름으로 불러요. '푸른 하늘', '흰 태양', '붉은 대지'로 이루어진 국기라는 뜻이에요.

아시아

조지아

공용어: 조지아어
인구: 372만 명
정치 체제: 공화제

알고 있나요?
조지아 국기는 11세기 십자군 원정 때 지휘관으로 활약한 고드프루아 드 부용의 깃발에서 영감을 얻어 만든 거예요.

수도: 트빌리시

아제르바이잔

공용어: 아제르바이잔어
인구: 976만 명
정치 체제: 공화제

수도: 바쿠

아르메니아

공용어: 아르메니아어
인구: 292만 명
정치 체제: 공화제

수도: 예레반

아프가니스탄

공용어: 파슈토어, 다리어
인구: 3466만 명
정치 체제: 공화제

수도: 카불

사우디아라비아

공용어: 아랍어
인구: 3228만 명
정치 체제: 전제 군주제

알고 있나요?
사우디아라비아는 특이하게도 국기에 무기(칼)를 넣었어요.

수도: 리야드

아랍 에미리트

공용어: 아랍어
인구: 927만 명
정치 체제: 전제 군주제 국가들의 연방

✱검정은 아랍 에미리트의 부의 원천인 석유를 나타내요.

수도: 아부다비

알고 있나요?
아랍 에미리트에서는 석유를 날마다 280만 배럴씩 생산해요. 휘발유를 2억 리터 넘게 뽑을 수 있는 양이지요. 이 정도 양이면, 소형 자동차 500만 대의 연료통을 가득 채울 수 있어요.

방글라데시

공용어: 벵골어
인구: 1억 6300만 명
정치 체제: 공화제

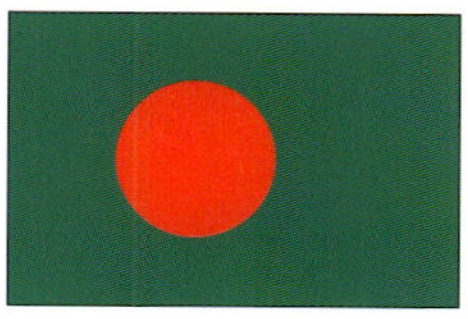

✻ 초록색은 벵골 지방의 풍부한 삼림 자원과 이슬람교를 나타내요.
✻ 빨간 동그라미는 방글라데시의 독립을 위해 희생된 피와 태양을 상징해요.

알고 있나요?
이 국기는 한 화가가 인도의 저명한 시인 타고르의 작품에서 영감을 얻어서 그렸답니다.

수도: 다카

북한

공용어: 한국어
인구: 2537만 명
정치 체제: 공화제

수도: 평양

인도네시아

공용어: 인도네시아어
인구: 2억 6112만 명
정치 체제: 공화제

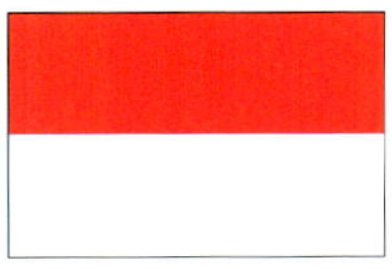

수도: 자카르타

바레인

공용어: 아랍어
인구: 143만 명
정치 체제: 입헌 군주제

수도: 마나마

아시아

이라크
공용어: 아랍어, 쿠르드어
인구: 3720만 명
정치 체제: 공화제

✖국기에 적힌 글귀는 아랍어로 '하느님이 가장 위대하시다.'라는 뜻이에요.

이란
공용어: 페르시아어
인구: 8028만 명
정치 체제: 공화제

수도: 바그다드

수도: 테헤란

레바논

수도: 베이루트

공용어: 아랍어, 프랑스어
인구: 601만 명
정치 체제: 공화제

✖국기에 등장하는 삼나무는 이 나라 자체를 상징해요. 레바논에서 많이 자라기 때문이지요. '레바논 삼나무'라고도 부르는 이 나무는 기독교 성경에 '백향목'이라는 이름으로 등장할 만큼 오래전부터 유명했어요.

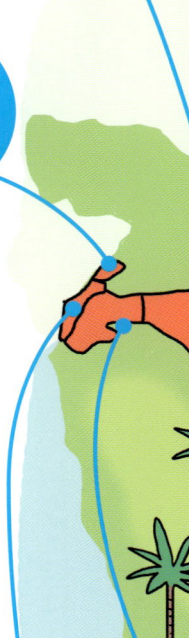

대표 도시: 텔아비브야파

이스라엘

공용어: 히브리어, 아랍어
인구: 855만 명
정치 체제: 공화제

✖이 상징은 전설적인 이스라엘 왕의 이름을 따서 '다윗의 별'이라고 불러요. 다윗 왕은 기원전 10세기 무렵에 고대 이스라엘 왕국의 전성기를 이끌었어요. 다윗의 별은 중세 시대부터 쓰였어요.
✖흰 바탕과 파란 띠는 유대인들이 기도할 때 어깨에 두르는 숄인 탈리트를 생각나게 해요.

수도: 암만

요르단

공용어: 아랍어
인구: 946만 명
정치 체제: 입헌 군주제

카자흐스탄

공용어: 러시아어, 카자흐어
인구: 1780만 명
정치 체제: 공화제

수도: 아스타나

* 대초원의 독수리는 자유와 고결함을 뜻해요. 12세기 몽골의 통치자였던 칭기즈 칸의 상징이기도 해요.
* 밝은 청록색은 하늘과 카자흐스탄 사람들을 나타내요.
* 카자흐스탄 문화는 이런 전통 요소들을 중심으로 발전했어요.

일본

수도: 도쿄

공용어: 일본어
인구: 1억 2700만 명
정치 체제: 입헌 군주제

라오스

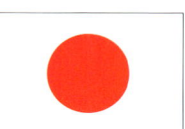

공용어: 라오어
인구: 676만 명
정치 체제: 공화제

수도: 비엔티안

* 흰 동그라미는 달을 나타내요. 라오스 사람들한테 달은 행복의 상징이지요.

쿠웨이트

수도: 쿠웨이트

공용어: 아랍어
인구: 405만 명
정치 체제: 입헌 군주제

* 검정은 적군의 패배를 상징해요.
* 하양은 순수를 의미해요.
* 빨강은 피, 초록은 땅의 비옥함을 나타내요.

알고 있나요?
쿠웨이트는 1961년에 독립하기 전까지 영국의 지배를 받았어요. 국기가 제정된 것도 1961년의 일이에요.

대한민국

아시아

✱ '사괘'라고 부르는 이 특이한 검정 무늬는 각각 물, 불, 땅, 하늘을 뜻해요.

태극은 중국 철학자가 만든 음과 양의 상징이에요. 차가움과 뜨거움, 맑음과 탁함, 아름다움과 추함, 남자와 여자 등 완전히 반대되는 것들이 서로를 보완하여 세계의 조화를 이룬다는 의미가 있지요.

수도: 서울

공용어: 한국어

인구: 5164만 명

정치 체제: 공화제

토막 상식

한반도는 1945년에 일본의 지배에서 벗어나면서 대한민국과 북한 두 나라로 갈라졌어요. 남과 북이 전쟁을 벌이기도 했어요. 김정은이 권력을 쥐고 있는 북한은 걸핏하면 핵무기 실험을 해요. 이 때문에 주변 국가들이 위협을 느낀답니다.

알고 있나요?

대한민국의 국화는 무궁화예요. 여름부터 가을까지 오랫동안 분홍빛 또는 보랏빛의 예쁜 꽃을 피우는 무궁화는 영원과 변하지 않는 마음을 상징하지요.

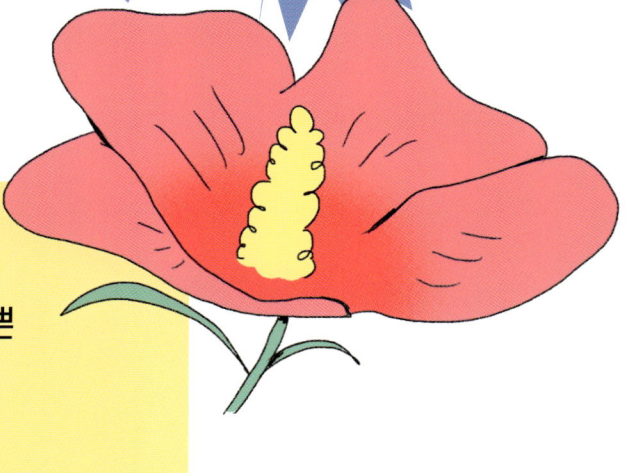

34

인도

공용어: 힌디어, 영어

인구: 13억 2417만 명

수도: 뉴델리

정치 체제: 공화제

✖ 하양은 평화와 진실을 뜻해요.

✖ 주황은 인도의 통치자에게 요구되는 헌신과 정의를 상징해요.

✖ 바퀴는 노동과 운동, 변화, 생명, 법을 모두 뜻해요.

✖ 초록은 모든 생명을 먹여 살리는 식물계를 나타내요.

역사 수첩

인도는 1947년까지 영국의 식민지였어요. 유명한 마하트마 간디(1869~1948)가 활약한 것은 바로 이즈음이었어요. 인도의 정치 지도자 간디가 독립을 이루기 위해 선택한 방법은 비폭력주의였어요. 적에게 저항하고, 보이콧이나 연좌데모(공공장소나 거리에 모여 앉아서 벌이는 시위), 평화적인 행진 등을 벌이면서도 늘 상대를 존중하는 태도를 보였지요. 이러한 시기를 거치는 동안 인도에서는 많은 변화가 일어났어요. 인도 국기에 운동의 상징인 바퀴가 들어간 것은 결코 우연이 아니랍니다!

알고 있나요?

인도의 여권과 동전, 정부 기관에서 쓰는 몇몇 도장에는 국가를 대표하는 상징물이 새겨져 있어요. 이 상징물은 1905년에 발견된 중세 시대의 기둥 일부를 본떠서 만든 거예요.

아시아

키르기스

* 햇살 40개는 키르기스를 이루는 40개의 부족을 뜻해요.
* 키르기스 사람들은 반유목민이에요. 국기 한가운데 그려진 버팀대 모양의 줄무늬를 보면 유목민의 전통 가옥인 유르트의 지붕이 생각나요.

1992년 3월 3일
키르기스는 1991년까지 소비에트 연방(소련)에 속해 있었어요. 독립 이후인 1992년 3월 3일에 정부에서 새 국기를 제정했어요.

깜짝 기록
키르기스의 이식쿨호는 아시아에서 가장 큰 산꼭대기 호수예요. 넓이가 자그마치 6236㎢가 넘는데, 런던보다 4배나 넓은 거예요!

- 공용어: 키르기스어, 러시아어
- 수도: 비슈케크
- 인구: 608만 명
- 정치 체제: 공화제

필리핀

- 공용어: 필리피노어, 영어
- 인구: 1억 332만 명
- 정치 체제: 공화제
- 수도: 마닐라

역사 수첩
필리핀은 16세기부터 스페인의 식민 통치를 받았어요. 1898년에 스페인은 이 식민지를 미국에 팔아넘겼지요. 필리핀은 1946년 7월 4일에야 독립 국가가 되었어요.

* 3개의 별은 수도가 있는 루손섬과 필리핀에서 두 번째로 큰 섬인 민다나오섬, 이 두 섬 사이에 있는 비사야 제도를 나타내요.

* 8개의 햇살은 19세기 말에 스페인의 식민 지배에 맞서 싸운 여덟 지방을 상징해요.

* 빨강은 용기와 애국심을 의미해요. 필리핀 법에 따르면, 전쟁 중에는 빨강이 위로 오도록 국기를 거꾸로 달아야 한답니다! 파랑은 평화의 상징이거든요.

토막 상식
필리핀은 7000개가 넘는 섬으로 이루어진 나라예요. 이 섬들 가운데 3분의 1은 아무도 살지 않는 무인도라서 이름이 따로 없어요.

스리랑카

공용어: 신할리즈어, 타밀어, 영어

인구: 2120만 명

정치 체제: 공화제

수도: 스리자야와르데네푸라코테(행정), 콜롬보(상업)

✱ 이것은 보리수잎이에요. 기원전 6세기에 인도의 작은 왕국의 왕자였던 가우타마 싯다르타가 보리수 아래서 수행을 하다가 깨달음을 얻어 부처가 되었고, 불교를 창시했어요.

✱ 소수파 국민을 나타내는 초록색, 주황색 세로줄은 1951년에 국기에 추가되었어요. 초록은 이슬람교도, 주황은 힌두교를 믿는 타밀족[3]을 가리켜요. 노랑은 스리랑카 국민의 대다수인 불교도를 상징해요.

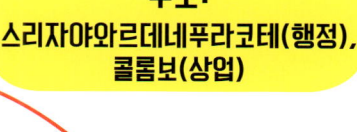

✱ 이 사자는 스리랑카가 영국으로부터 독립한 1948년 2월 4일 이전부터 존재했어요. 16세기부터 19세기까지 존재했던 캔디 왕국의 상징이었으니까요.

역사 수첩

사자의 전설

사자가 스리랑카의 상징이 된 것은 우연이 아니에요! 6세기 전설에 따르면, 벵골[4]의 한 왕이 자기 딸이 동물의 왕과 결혼할 거라는 점성술사들의 예언을 들었어요. 왕은 이 예언이 이루어지는 것을 피하려고 공주를 궁에 가두었지요. 하지만 공주는 궁에서 도망쳐 나와 대상들과 함께 먼 길을 떠났어요. 하루는 사자의 습격을 받았는데, 사자가 공주의 아름다움에 반해 목숨을 살려 주었어요. 나중에 둘 사이에서 '사자의 아들들'이라는 이름을 가진 멋진 아이들이 태어났지요. 훗날 이들이 랑카 왕국을 세웠어요.

알고 있나요?

스리랑카 사람들은 영국인들이 도입한 크리켓이라는 운동을 잘해요. 하지만 이들이 진짜 좋아하는 종목은 바로 배구예요! 1991년에는 배구가 국민 스포츠로 공식 지정되었답니다!

3. 인도와 스리랑카 북동부에 사는 사람들
4. 인도의 한 지역

아시아

우즈베키스탄
공용어: 우즈베크어
인구: 3185만 명
정치 체제: 공화제

✱초승달은 이 나라가 1991년 9월에 독립 국가로 새로 탄생한 것을 상징해요. 이전까지 우즈베키스탄은 소비에트 연방의 일원이었어요.

몽골

공용어: 몽골어
인구: 303만 명
정치 체제: 공화제

✱국기 안의 그림은 몽골의 상징이에요. 여기 담긴 의미는 재생, 과거, 현재, 미래, 정의, 통치자와 국민 사이의 신뢰 등이에요.
✱음과 양을 나타내는 중국 기호는 몽골 사람들에게 이성과 지혜를 상징해요.

수도: 타슈켄트

수도: 울란바토르

오만

공용어: 아랍어
인구: 442만 명
정치 체제: 전제 군주제

✱두 칼 위에 놓인 오만의 전통 단검 '칸자르'는 이슬람 국가의 군주인 술탄의 상징이에요.

수도: 무스카트

미얀마
공용어: 버마어
인구: 5289만 명
정치 체제: 공화제

수도: 네피도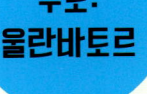

말레이시아
공용어: 말레이어
인구: 3119만 명
정치 체제: 입헌 군주제

수도: 쿠알라룸푸르, 푸트라자야(행정)

✱14개의 빨간색과 흰색 가로줄과 별이 내뿜는 14개의 빛줄기는 말레이시아 연방 정부와 13개 주를 나타내요. 원래는 14개 주였지만, 1965년 싱가포르가 연방에서 분리되면서 13개로 줄었지요.

몰디브

공용어: 디베히어, 영어
인구: 41만 7492명
정치 체제: 공화제

수도: 말레

터키

수도: 앙카라

공용어: 터키어

인구: 7951만 명

정치 체제: 공화제

✱ 터키 국기를 가리켜 '달과 별의 깃발'이라는 뜻으로 '월성기'라고 부르기도 해요.

✱ 터키 신화에서 초승달은 오스만 제국을 세운 오스만 1세를 나타내요. 또 건강, 행복, 다산을 상징하기도 하지요.

역사 수첩

오스만 제국에서 터키까지

13세기 말에 오스만튀르크족이 세운 오스만 제국은 유럽의 일부 지역과 서아시아 일대, 북아프리카의 알제리, 튀니지까지 세력을 떨쳤어요. 그러다가 제1차 세계 대전(1914~1918) 이후 연합군(프랑스, 영국, 미국)에게 굴복하면서 제국은 멸망하고 터키가 탄생했지요. 터키 국기는 1936년 6월 5일에 공식적으로 채택되었지만, 이미 1844년부터 현재와 같은 형태의 국기가 존재했답니다.

알고 있나요?

케말 파샤는 1923년에 터키 공화국을 세우고, 초대 대통령이 되었어요. 그는 정치와 종교를 분리하고 신분제를 없애는 등 근대화에 이바지했어요. 그래서 '터키인의 아버지'로 불리지요.

10월 29일

이날은 터키의 국경일인 '공화국의 날'이에요. 1923년 10월 29일에 터키 공화국이 탄생한 것을 기념하는 날이지요. 이날 전국의 온 마을에는 셀 수 없이 많은 국기가 걸린답니다.

토막 상식

터키 사람들은 국기를 특별히 소중하게 생각한답니다. 2015년에는 한 젊은이가 군사 시설의 지붕에서 국기를 떼어 냈다는 이유로 13년 징역형을 받았어요.

아시아

공용어: 투르크멘어
인구: 566만 명
정치 체제: 공화제

✱ 붉은 띠 안의 무늬는 투르크멘족의 카펫에서 흔히 보이는 전통 문양이에요.
✱ 올리브 나뭇가지는 중립성을 상징해요. 투르크메니스탄은 중립국으로서 영토의 확장을 절대 원하지 않아요.
✱ 5개의 별은 투르크메니스탄을 이루는 5개 주를 가리켜요.
✱ 초록은 튀르크계 종족인 타타르족의 전통적인 색깔이에요.
✱ 초승달은 미래에 대한 믿음을 나타내요.

수도: 아시가바트

수도: 다마스쿠스

공용어: 아랍어
인구: 1843만 명
정치 체제: 공화제

수도: 이슬라마바드

공용어: 우르두어, 영어
인구: 1억 9320만 명
정치 체제: 공화제

수도: 사나

공용어: 아랍어
인구: 2758만 명
정치 체제: 공화제

수도: 도하

공용어: 아랍어
인구: 257만 명
정치 체제: 입헌 군주제

타지키스탄

공용어: 타지크어
인구: 873만 명
정치 체제: 공화제

수도: 두샨베

✱하양은 면직물의 원료인 목화를 나타내요. 타지키스탄에서 목화는 국민 대다수를 먹여 살리는 소득의 원천이에요.

✱7개의 별에 둘러싸인 왕관은 국가의 주권을 상징해요. 타지크족 전설에 따르면, 천국에는 7개의 산에 7개의 과수원이 있대요!

태국

공용어: 타이어
인구: 6886만 명
정치 체제: 입헌 군주제

수도: 방콕

베트남

공용어: 베트남어
인구: 9270만 명
정치 체제: 공화제

수도: 하노이

싱가포르

수도: 싱가포르

공용어: 중국어, 말레이어, 영어, 타밀어
인구: 561만 명
정치 체제: 공화제

✱5개의 별은 각각 민주주의, 평화, 진보, 정의, 평등을 나타내요.
✱빨강은 박애와 평등, 하양은 순수와 미덕을 상징해요.
✱초승달은 이 나라가 번영을 향해 성장한다는 뜻이에요.

알고 있나요?
싱가포르는 싱가포르라는 대도시와 64개의 작은 섬으로 이루어져 있어요.

국기는 어떤 역할을 할까요?

국기는 한 나라와 국민을 대표하는 가장 눈에 띄는 상징물이에요. 전 세계의 독립 국가는 모두 국기를 갖고 있지요. 국기는 특별한 행사에서는 물론이고 일상에서도 두루 쓰여요.

1. 국기는 국회, 학교, 시청, 경찰서, 법원 같은 공공건물에 항상 걸어요. 국기에는 그 나라의 제도[5]와 가치관, 역사, 정체성이 나타나 있기 때문이에요.

2. 국기는 나라의 공식적인 기념행사 때도 빠지지 않아요. 국경일이나 올림픽과 같은 스포츠 행사, 외국 대표단을 위한 환영 행사 등에서는 어김없이 국기를 볼 수 있어요.

기는 곳곳에 쓰여요!

- 배에는 선기를 걸어요.

3. 대통령, 장관, 군인, 그밖에 국가를 위해 일하다가 죽음을 맞은 모든 사람들의 장례식 때 국기를 관 위에 덮어요. 이것은 국가가 그 사람에게 경의를 표한다는 뜻이에요.

5. 한 나라의 정당, 국가 기관, 사법 제도

조기에는 어떤 뜻이 담겨 있을까요?

깃발을 깃대 중간에 거는 것을 조기라고 해요. 불행한 사건이나 죽음을 슬퍼해야 할 때 걸어요. 조기를 걸지 말지 결정하는 것은 정부의 권한이에요. 몬트리올에서는 2015년 11월 13일에 발생한 파리 테러 사건에 대한 애도의 표시로 퀘벡 주기를 조기로 걸었어요.

알고 있나요?

현재 전 세계에 존재하는 독립 국가는 197개국이에요. 한 나라에도 용도에 따라 여러 개의 국기가 있을 수 있어요. 국가가 공식적으로 사용하는 국기, 일반 시민들이 사용하는 국기, 군사 분쟁이 일어났을 때 사용하는 군기 등이 있지요.

전문 용어

벡실룸(vexillum)이란 깃발 또는 군기를 뜻하는 라틴어예요. 고대 로마의 기병대는 창이나 장대 끝에 술이 달린 네모난 천을 매달고 다녔는데, 이 천을 '벡실룸'이라고 불렀지요. 기에 관해 연구하는 학문인 '벡실롤로지(기장학)'도 벡실룸에서 나온 말이에요.

- 전쟁터에서는 각 부대를 나타내는 군기를 볼 수 있어요.
- 문장은 귀족 가문이나 마을 또는 지역을 상징해요.
- 각종 단체에서도 고유한 문자 또는 그림이 들어간 기를 사용해요.

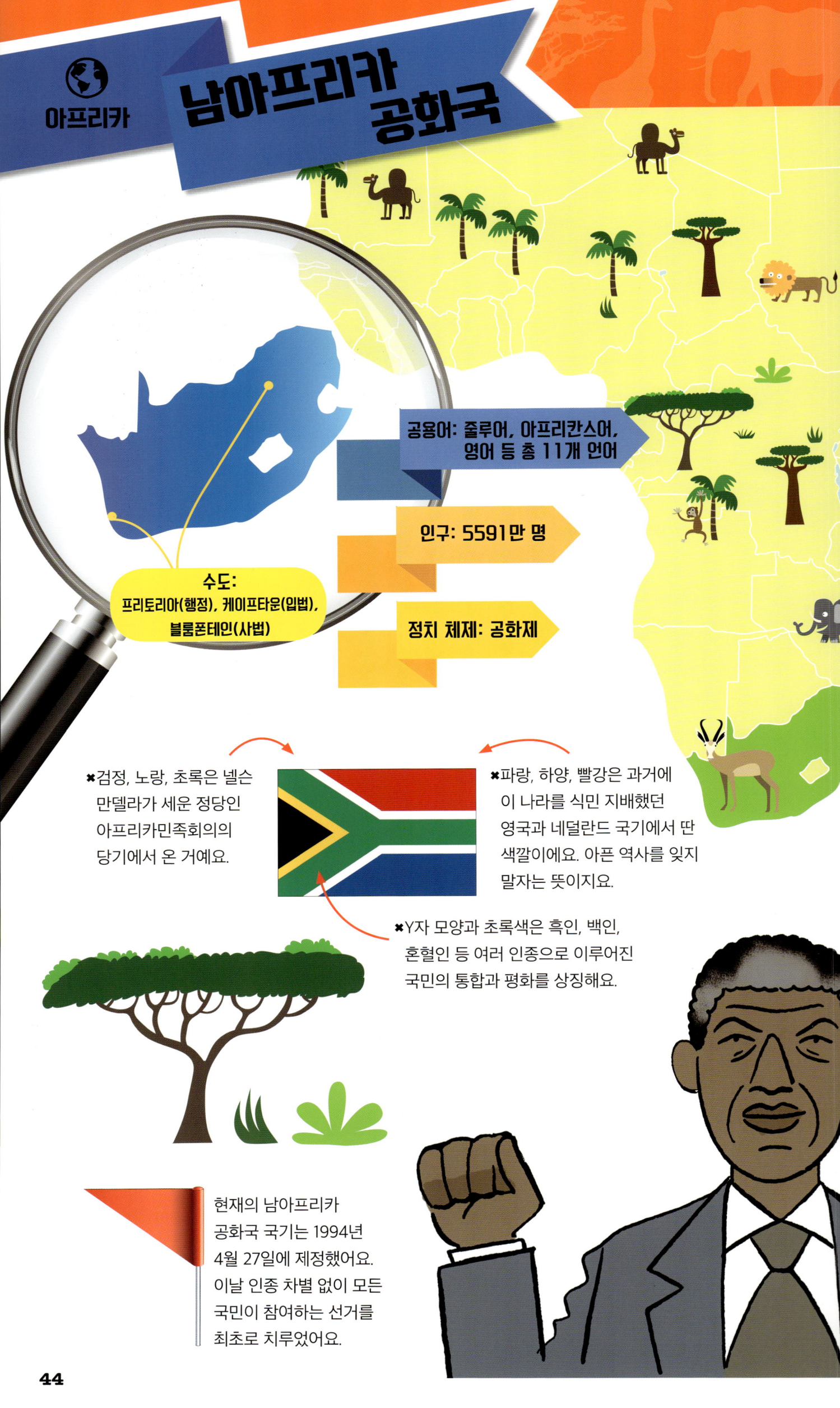

역사 수첩

남아프리카 공화국은 17세기 중반부터 유럽 사람들의 식민 지배를 받았어요. 처음에는 동인도 회사를 위해 일하는 네덜란드 사람들과 프랑스 사람들이, 19세기 초에는 영국이 식민지를 세웠지요. 그러다가 남아프리카에 먼저 정착한 네덜란드계 백인들과 영국군 사이에 전쟁이 일어났고, 1910년 5월 31일 평화 조약이 체결되면서 남아프리카 연방이라는 영국 자치령이 탄생했어요. 하지만 이 나라에서는 백인만 온갖 권리를 누리고, 흑인은 노골적인 차별과 배척을 당했어요. '아파르트헤이트6'라는 이 인종 차별 정책은 1948년부터 1991년까지 버젓이 시행되었답니다.

1991년 6월 30일

이날 남아프리카 공화국 의회에서 아파르트헤이트 정책을 공식적으로 폐지했어요.

알고 있나요?

넬슨 만델라(1918~2013)는 아파르트헤이트의 폐지를 위해 싸운 지도자였어요. 그 대가로 27년이나 감옥살이를 했지요. 마침내 전 세계 민주주의 국가들의 지지로 자유를 되찾은 만델라는 1994년부터 1999년까지 남아프리카 공화국의 대통령을 지냈어요.

토막 상식

남아프리카 공화국의 가장 유명한 국가 상징물은 작은 영양인 스프링복이에요. 국가 대표 럭비 팀의 유니폼에 그려져 있을 정도지요. 그밖에 남아프리카 공화국을 대표하는 동식물은 다음과 같아요.
- 깃털장식두루미
- 갈륜. 남아프리카 연안의 바위나 모래 밑에 숨어 사는 거무스름한 빛깔의 물고기예요.
- 옐로우드. 이 나무는 최대 40m까지 자란답니다.
- 킹프로티아꽃. 남아프리카 공화국 크리켓 국가 대표 팀의 이름이기도 해요.

6. '아파르트헤이트'는 아프리칸스어(남아프리카에 사는 네덜란드계 주민들의 언어)로 '격리'를 뜻해요.

이집트

아프리카

- 공용어: 아랍어
- 인구: 9569만 명
- 정치 체제: 공화제
- 수도: 카이로

이집트는 1922년 독립 이후 지금까지 국기의 모양을 여섯 번이나 바꾸었어요. 현재의 국기는 1984년 10월에 공식 제정되었답니다.

- ✱ 빨강은 마지막 왕인 파루크 1세를 몰아낸 1952년의 혁명을 나타내요.
- ✱ 황금빛 독수리는 이집트를 대표하는 상징물로서, 12세기 이슬람 군주였던 살라딘을 나타내요.
- ✱ 독수리 아래에는 '이집트 아랍 공화국'이라는 글귀가 쓰여 있어요.

6월 18일

이날은 프랑스는 물론이고 이집트 국민들에게도 특별한 날이에요. 프랑스는 워털루 전투에서 패한 나폴레옹 1세가 황제의 자리를 잃은 슬픈 날이지요. 하지만 이집트에서는 1956년 이날에 약 70년 동안 주둔했던 영국군이 물러가는 기쁜 일이 있었답니다. '영국군 철수 기념일'로 불리는 이날, 이집트에서는 축하의 의미로 국기를 걸어요.

역사 수첩

이집트는 1882년부터 영국의 식민 지배를 받다가 1922년에 독립했어요. 같은 해 술탄 푸아드 1세를 중심으로 새로운 왕국이 탄생했지요. 1936년 푸아드 1세는 겨우 열여섯 살이었던 아들 파루크 1세에게 왕위를 물려주었지만, 그는 안타깝게도 자리를 오래 지키지 못했어요. 1952년에 군인들이 혁명을 일으켜 파루크 1세를 쫓아내고 공화제를 선포했거든요. 혁명을 이끈 가말 압델 나세르는 초대 대통령이 되어 1970년까지 권력을 잡았어요. 아랍 국가들이 대부분 그렇듯, 이집트 역시 2011년 이후 쿠데타와 테러가 종종 발생하는 불안정한 시기를 거치고 있답니다.

알고 있나요?

이집트의 축구 선수들은 스스로를 무엇이라고 부를까요?
정답은 이집트 왕을 부르는 말인 파라오예요.

토막 상식

2015년에 아르메니아의 한 유명한 무용수가 이집트 국기와 똑같은 색깔의 옷을 입고 무대에 올랐어요. 그 결과 '국기 모독죄'로 재판에 넘겨졌고, 징역 6개월과 벌금 약 2000달러의 형벌을 받았답니다.

아프리카

알제리

공용어: 아랍어, 베르베르어
인구: 4061만 명
정치 체제: 공화제

✱ 하양은 충성과 청렴결백을 상징해요.
✱ 초록은 이슬람교를 나타내요.

알고 있나요?
알제리 국기는 독립을 이룬 해인 1962년 7월 3일에 공식 채택되었어요.

수도: 알제

카보베르데

수도: 프라이아

공용어: 포르투갈어
인구: 53만 9560명
정치 체제: 공화제

부르키나파소

수도: 와가두구

공용어: 프랑스어
인구: 1865만 명
정치 체제: 공화제

알고 있나요?
부르키나파소는 '청렴결백한 사람들의 나라', 다시 말해 '정직한 사람들의 나라'라는 뜻이랍니다!

베냉

공용어: 프랑스어
인구: 1087만 명
정치 체제: 공화제

수도: 포르토노보

카메룬
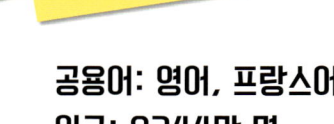

공용어: 영어, 프랑스어
인구: 2344만 명
정치 체제: 공화제

수도: 야운데

중앙아프리카 공화국

공용어: 프랑스어
인구: 459만 명
정치 체제: 공화제

수도: 방기

부룬디

공용어: 프랑스어, 룬디어
인구: 1052만 명
정치 체제: 공화제

✱3개의 별은 '통일, 노동, 진보'를 의미해요. 또 부룬디 인구를 구성하는 세 민족인 후투족, 투치족, 트와족을 뜻하기도 해요.

수도: 부줌부라

코모로

공용어: 코모로어, 아랍어, 프랑스어
인구: 79만 5601명
정치 체제: 공화제

수도: 모로니

보츠와나

공용어: 영어
인구: 225만 명
정치 체제: 공화제

수도: 가보로네

앙골라

공용어: 포르투갈어
인구: 2881만 명
정치 체제: 공화제

수도: 루안다

✱검정은 아프리카를 상징해요.
✱빨강은 1975년에 포르투갈에 맞서 벌인 독립 투쟁에서 희생된 사람들의 피를 상징해요.
✱톱니바퀴는 산업과 노동자를 나타내요.
✱마체테(날이 넓은 긴 칼)는 농부, 수확, 전투의 상징이에요.
✱별은 진보를 뜻해요.
✱노랑은 국가의 부유함을 강조하는 색깔이에요.

아프리카 / 케냐

✱ 창과 방패는 케냐의 한 지역에 사는 마사이족의 조상과 유목민을 나타내요.

알고 있나요?

케냐 국기는 조국의 독립 투쟁을 이끌었던 정치 지도자 조모 케냐타가 1952년에 만들었어요.
케냐는 포르투갈, 오만, 독일, 영국의 식민 지배를 연이어 받다가 1963년 12월 12일, 마침내 독립을 이루었어요.

- 공용어: 영어, 스와힐리어
- 인구: 4846만 명
- 정치 체제: 공화제
- 수도: 나이로비

레소토

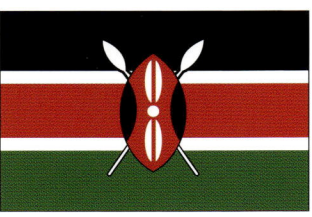

- 수도: 마세루
- 공용어: 소토어, 영어
- 인구: 220만 명
- 정치 체제: 입헌 군주제

✱ 이 그림은 레소토 여성들이 쓰는 원뿔 모양의 전통 모자예요. 국가의 통합을 나타내기 위해 이 모자를 국기에 넣었어요.

깜짝 기록

레소토는 세계에서 유일하게 국토의 대부분이 높은 고원 지대인 나라예요. 가장 낮은 곳도 해발 1400m나 되고, 높은 곳은 3480m가 넘는답니다!

라이베리아

수도: 몬로비아

공용어: 영어

인구: 461만 명

정치 체제: 공화제

✱빨갛고 하얀 11개의 가로줄은 1847년에 라이베리아 독립 선언서와 헌법에 서명한 11명을 뜻해요.

역사 수첩

라이베리아는 1816년에 미국에서 해방된 노예들이 고향으로 돌아가서 살도록 하기 위해 세운 나라예요.

알고 있나요?

이 나라에서는 1989년부터 2003년까지 심각한 내전이 벌어졌어요.

깜짝 기록

아프리카에서 여성 대통령을 뽑은 나라는 라이베리아와 말라위 둘뿐이에요. 엘런 존슨 설리프는 2006년부터 2017년까지 라이베리아의 대통령을 지냈어요.

토막 상식

라이베리아는 한때 '후추 해안'이라고 불렸어요. 포르투갈 사람들이 붙인 이름이지요. 수도는 미국의 제임스 먼로 대통령에 대한 경의의 표시로 몬로비아라고 불러요.

말라위

수도: 릴롱궤

공용어: 치체와어, 영어

인구: 1809만 명

정치 체제: 공화제

✱31개의 햇살은 아프리카의 31번째 독립국임을 상징해요. 말라위는 1964년 7월 6일에 독립했어요.

✱검정은 식민 지배에서 벗어난 아프리카 사람들을 나타내요.

토막 상식

세상에 이런 일이! 2014년, 말라위 의회에서 아주 재미있는 제안이 나왔어요. 공공장소에서 방귀를 뀌는 행위를 법으로 금지하자는 것이었어요! 영국의 식민 통치 기간에도 특이한 법이 존재했답니다. 남자는 머리카락을 길게 기를 수 없고, 여자는 바지를 입을 수 없다는 법이 있었지요.

알고 있나요?

말라위는 한때 영국의 식민지였어요.

아프리카

코트디부아르
공용어: 프랑스어
인구: 2370만 명
정치 체제: 공화제

* 주황은 이 나라 북쪽에 있는 대초원을 나타내요.
* 초록은 남쪽의 숲을 상징해요.

알고 있나요?
코끼리는 코트디부아르를 상징하는 동물이에요. 나라 이름도 코끼리의 엄니(상아)를 뜻하는 프랑스어에서 온 거예요.

가나
공용어: 영어
인구: 2821만 명
정치 체제: 공화제

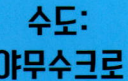

수도: 야무수크로

수도: 아크라

감비아

공용어: 영어
인구: 204만 명
정치 체제: 공화제

수도: 반줄

기니비사우
공용어: 포르투갈어
인구: 182만 명
정치 체제: 공화제

수도: 비사우

적도 기니
공용어: 스페인어, 프랑스어
인구: 122만 명
정치 체제: 공화제

수도: 말라보

* 국기 한가운데에 보이는 나무는 케이폭수예요. 목재는 카누를 만들 때 쓰고, 열매에서 나오는 솜털은 이불속이나 베갯속으로 사용해요.
* 노란 별 6개는 적도 기니를 이루는 본토와 5개의 섬을 상징해요.

기니
공용어: 프랑스어
인구: 1240만 명
정치 체제: 공화제

수도: 코나크리

에리트레아

공용어: 티그리냐어, 아랍어, 영어
인구: 535만 명
정치 체제: 공화제

수도: 아스마라

찌부티

공용어: 프랑스어, 아랍어
인구: 94만 2333명
정치 체제: 공화제

수도: 지부티

에티오피아

공용어: 암하라어, 영어, 아랍어
인구: 1억 240만 명
정치 체제: 공화제

수도: 아디스아바바

알고 있나요?
에티오피아는 한때 황제가 다스리는 제국이었어요. 이 나라는 1936년부터 1941년까지 약 5년을 제외하고는 식민 지배를 받은 적이 없어요. 국기를 이루는 초록, 노랑, 빨강 삼색은 아프리카의 독립을 상징하는 색깔로, 한때 식민 지배를 받았던 여러 국가에서 똑같은 색을 국기에 사용해요.

콩고 민주 공화국

공용어: 프랑스어
인구: 7874만 명
정치 체제: 공화제

수도: 킨샤사

수도: 브라자빌

가봉

공용어: 프랑스어
인구: 198만 명
정치 체제: 공화제

수도: 리브르빌

콩고

공용어: 프랑스어
인구: 513만 명
정치 체제: 공화제

우간다

아프리카

- 공용어: 영어
- 인구: 4149만 명
- 정치 체제: 공화제

수도: 캄팔라

✱이 새는 아프리카에 사는 회색관두루미로, 우간다를 대표하는 상징물이에요.

알고 있나요?

1971년부터 1979년까지 우간다 사람들은 이디 아민 다다라는 잔인하고 악독한 대통령의 독재 아래서 엄청난 고통을 겪었어요. 1962년까지는 영국의 식민 지배를 받았지요.

상투메 프린시페

수도: 상투메

- 공용어: 포르투갈어
- 인구: 19만 9910명
- 정치 체제: 공화제

✱두 별은 이 나라를 이루는 2개의 섬(상투메와 프린시페)을 나타내요.

✱빨간 삼각형은 포르투갈에 맞서 싸워 이루어 낸 1975년의 독립을 상징해요.

알고 있나요?

이 나라의 또 다른 이름은 '초콜릿 섬'이에요. 20세기 초반, 전 세계에서 카카오를 가장 많이 생산하는 나라가 상투메 프린시페였거든요. 하지만 오늘날에는 사정이 다르답니다.

아프리카

잠비아

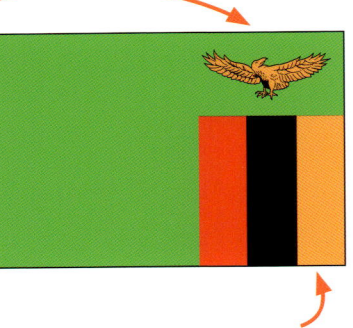

✶ 물수리는 자유를 상징해요.

✶ 초록은 잠비아의 푸르른 들판과 숲을 상징해요.

✶ 주황은 풍부한 구리 자원을 나타내요. 잠비아는 세계에서 구리를 가장 많이 생산하는 나라예요.

수도: 루사카

공용어: 영어

인구: 1659만 명

정치 체제: 공화제

✶ 대통령 전용 깃발에는 이런 모양의 잠비아 국가 문장을 새겨요.

✶ 검은 물결무늬는 세계에서 가장 높은 빅토리아 폭포를 나타내요. 이 폭포는 폭이 1.7km에 이르고, 높이는 곳에 따라 900m가 넘어요!

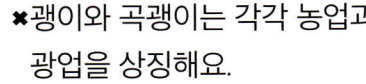

✶ 괭이와 곡괭이는 각각 농업과 광업을 상징해요.

✶ 얼룩말은 잠비아에 서식하는 다양하고 풍부한 동물과 식물을 생각나게 해요.

토막 상식

잠비아의 전 대통령 가운데 한 사람은 '킹코브라'라고 불려요. 오랫동안 국민에게 공포를 심어 주었기 때문이래요.

알고 있나요?

영국의 유명한 탐험가 데이비드 리빙스턴은 유럽인으로서는 최초로 빅토리아 폭포를 발견했어요. 그는 영국 여왕을 기리기 위해 이 폭포에 빅토리아라는 이름을 붙였어요.

짐바브웨

수도: 하라레

공용어: 쇼나어, 은데벨레어, 영어 등 16개 언어

인구: 1615만 명

정치 체제: 공화제

알고 있나요?

1965년까지 짐바브웨는 영국의 식민지 정치가 세실 로즈의 이름을 따서 '로디지아'로 불렸어요. '짐바브웨'는 이 지역 말로 '돌로 지은 집'이라는 뜻이에요.

✱짐바브웨의 국가 문장은 부를 상징해요. 이 새는 19세기 말, 중세 도시인 그레이트 짐바브웨의 유적에서 발견한 돌 조각상을 본뜬 것으로, 동전과 지폐, 국가 대표 선수 유니폼에도 등장해요.

토막 상식

짐바브웨 사람들은 2015년에 이탈리아 밀라노에서 열린 세계 엑스포에서 새로운 별미 두 가지를 선보였어요. 바로 악어 버거와 얼룩말 버거였지요! 우리가 소고기나 돼지고기를 먹는 것처럼, 짐바브웨 사람들은 악어 고기와 얼룩말 고기를 자주 먹어요.

아프리카

모로코

공용어: 아랍어, 베르베르어
인구: 3528만 명
정치 체제: 입헌 군주제

수도: 라바트

모리타니

수도: 누악쇼트

공용어: 아랍어
인구: 430만 명
정치 체제: 공화제

말리

수도: 바마코

공용어: 프랑스어
인구: 1799만 명
정치 체제: 공화제

니제르

수도: 니아메

공용어: 프랑스어
인구: 2067만 명
정치 체제: 공화제

나이지리아

수도: 아부자

공용어: 영어
인구: 1억 8599만 명
정치 체제: 공화제

깜짝 기록
나이지리아는 아프리카 대륙에서 인구가 가장 많은 나라예요.

리비아
공용어: 아랍어
인구: 629만 명
정치 체제: 공화제

수도: 트리폴리

마다가스카르
공용어: 말라가시어, 프랑스어
인구: 2489만 명
정치 체제: 공화제

수도: 안타나나리보

모리셔스
공용어: 영어, 프랑스어
인구: 126만 명
정치 체제: 공화제

수도: 포트루이스

알고 있나요?
모리셔스는 1715년부터 1810년까지 프랑스의 식민 지배를 받았어요. 이 기간에는 '프랑스의 섬'이라고 불렸어요.

나미비아
공용어: 영어
인구: 248만 명
정치 체제: 공화제

수도: 빈트후크

아프리카

튀니지
공용어: 아랍어
인구: 1140만 명
정치 체제: 공화제

수도: 튀니스

알고 있나요?
2015년 5월 2일, 튀니지 남쪽 옹제멜의 사막에 어마어마한 크기의 국기가 펼쳐졌어요. 넓이는 축구장 19개를 합친 것(10만 4544㎡)과 같고, 무게는 코끼리 2마리(12.6톤)와 맞먹었지요.

세네갈

수도: 다카르

공용어: 프랑스어
인구: 1541만 명
정치 체제: 공화제

시에라리온

수도: 프리타운

공용어: 영어
인구: 739만 명
정치 체제: 공화제

수도: 로메

토고

공용어: 프랑스어
인구: 761만 명
정치 체제: 공화제

르완다

공용어: 르완다어, 프랑스어, 영어
인구: 1192만 명
정치 체제: 공화제

수도: 키갈리

알고 있나요?
르완다 국민은 대부분 투치족 또는 후투족이에요. 1994년, 후투족 사람들이 80만 명에서 100만 명에 이르는 투치족 사람들의 목숨을 빼앗는 제노사이드[7]를 저질렀어요. 그래서 르완다 국기에는 피를 상징하는 빨간색이 없어요.

7. 출신이나 종교를 이유로 한 집단에 속한 사람들을 대량 학살하여 씨를 말리려는 행위.

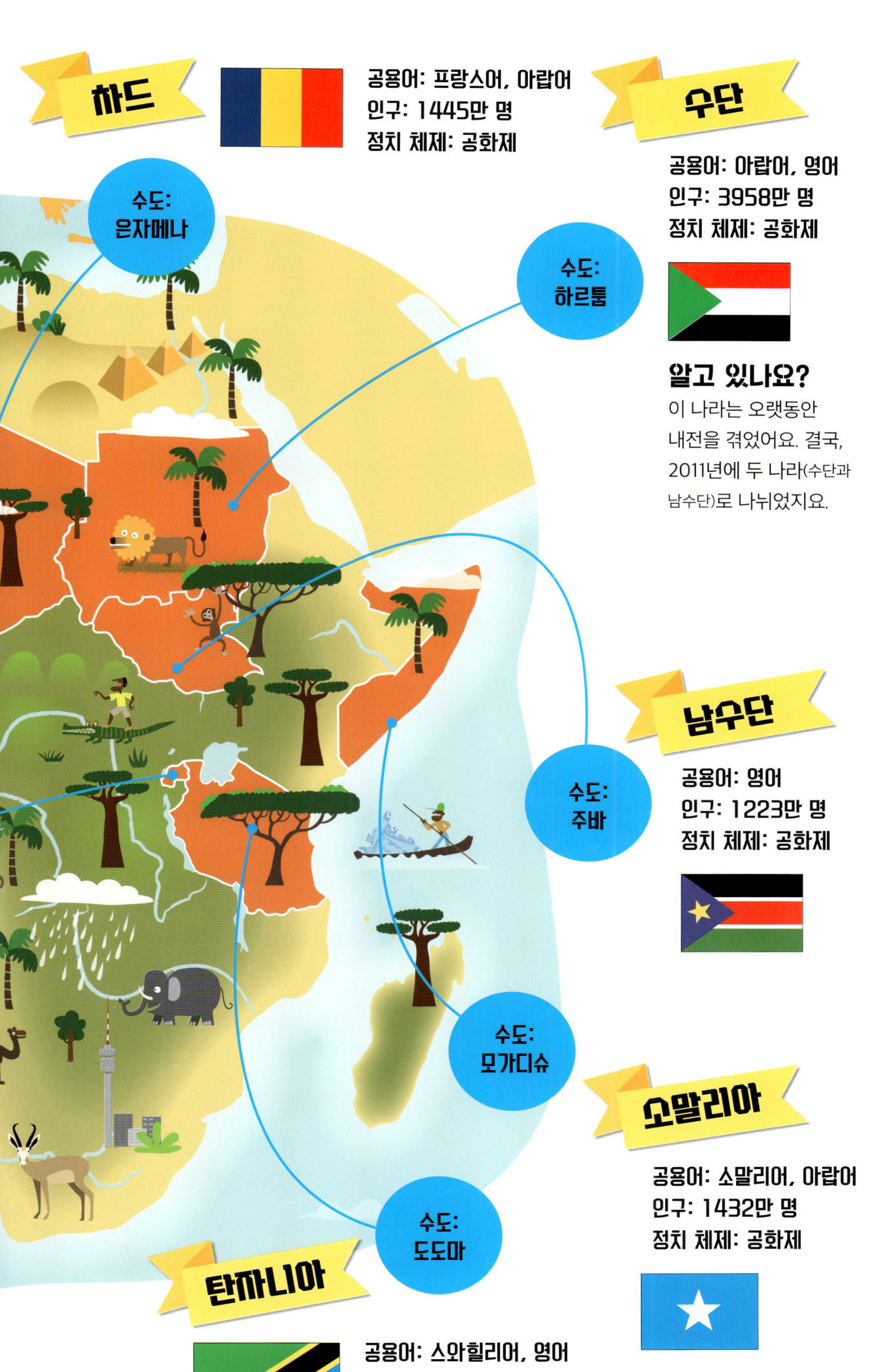

차드
공용어: 프랑스어, 아랍어
인구: 1445만 명
정치 체제: 공화제

수도: 은자메나

수단
공용어: 아랍어, 영어
인구: 3958만 명
정치 체제: 공화제

수도: 하르툼

알고 있나요?
이 나라는 오랫동안 내전을 겪었어요. 결국, 2011년에 두 나라(수단과 남수단)로 나뉘었지요.

남수단
공용어: 영어
인구: 1223만 명
정치 체제: 공화제

수도: 주바

소말리아
공용어: 소말리어, 아랍어
인구: 1432만 명
정치 체제: 공화제

수도: 모가디슈

탄자니아
공용어: 스와힐리어, 영어
인구: 5557만 명
정치 체제: 공화제

수도: 도도마

세상에나! 이게 정말 국기일까요?

세계 여러 나라의 아름다운 국기들을 감상해 보세요!
여러분이 국기를 만든다면 어떤 모양으로 하고 싶은가요?

네팔
아시아에 자리한 네팔의 국기는 전 세계에서 비슷한 예를 찾기 힘들 만큼 아주 독특해요! 깃발 두 개를 겹쳐 놓은 모양이거든요. 두 깃발이 나타내는 것은 두 가지예요.

- 세계에서 가장 높은 봉우리 14개가 모여 있는 히말라야산맥
- 네팔의 2대 종교인 불교와 힌두교

알고 있나요?
힌두교에서 삼각형은 법과 의무를 상징해요.

모잠비크
아프리카 대륙에 있는 모잠비크는 특이하게도 국기에 자동 소총을 그려 넣었어요! 정부의 설명으로는 이 무기가 제국주의에 대한 저항과 국가의 주권을 상징한대요.

캄보디아
아시아의 캄보디아는 실제로 존재하는 건축물을 국기에 그려 넣었어요! 바로 앙코르 와트 사원이지요. 캄보디아 서북부에 있는 이 사원은 해마다 관광객 수백만 명이 찾는 세계적인 명소예요.

바베이도스
앗, 바다의 신 포세이돈의 삼지창이다! 이것은 카리브해의 섬나라 바베이도스의 국기랍니다. 삼지창을 국기에 쓴 나라는 바베이도스뿐이에요. 하지만 삼지창은 다른 문화에도 등장해요. 기독교의 사탄(악마)과 힌두교의 시바 여신도 삼지창을 들고 있지요.

니카라과

북마리아나 제도 연방
토템 석상과 꽃으로 장식한 관으로만 국기를 구성했어요.

도미니카
두 나라 국기의 공통점은? 바로 보라색이에요. 전 세계에서 국기에 보라색을 쓴 나라는 이 둘뿐이에요.

이런 국기도 있어요

세이셸

맨섬

마카오

스리랑카

홍콩

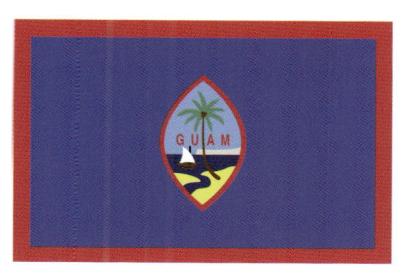
괌

웨일스

깜짝 퀴즈

위 국기들 가운데 다섯 개는
진짜 국기가 아니에요.
어떤 것일까요?

정답: 세이셸, 마카오, 홍콩, 맨섬, 웨일스하고,
이들은 국가가 아니거나, 해외 영토입니다. 마카오와
홍콩은 중국, 괌은 미국에 속하는 땅이에요.

역사 수첩

본래 아르헨티나 땅에는 여러 부족들이 여기저기 흩어져 살았어요. 그들은 사냥을 하고, 열매를 모으고, 농사를 짓고, 가축을 기르며 살았지요. 하지만 14세기부터 스페인 사람들이 나타나 이들의 터전을 식민지로 삼았어요. 식민 지배는 약 300년 동안 이어졌지요. 1810년 5월 25일, 아르헨티나 사람들은 스페인의 통치를 거부한다고 선언했어요. 이렇게 시작된 '5월 혁명'은 1816년 7월 9일에 아르헨티나의 독립으로 마무리되었어요.

정말인가요?

세계에서 가장 남쪽에 자리한 도시가 아르헨티나에 있어요. 우수아이아라는 이 도시는 기후가 아이슬란드와 비슷해서 마젤란펭귄이 살아요.

알고 있나요?

아르헨티나의 초등학생들은 매일 아침 학교 운동장에서 함께 국가를 부르며 국기를 게양해요.

토막 상식

아르헨티나에는 국기에 대한 노래가 여러 곡 있어요. '나의 국기', '국기', '국기에 경례를', 오페라에 등장하는 '국기의 노래', '조국의 깃발' 등이에요.

아메리카

벨리즈

✱ 한가운데의 국가 문장은 1907년에 영국 왕 에드워드 7세가 벨리즈에 하사한 거예요. 마호가니 한 그루와 벌목꾼들, 도끼와 톱 등으로 구성한 이 그림은 벨리즈의 주요 산업인 임업을 나타내요. 아래쪽의 배 한 척은 마호가니가 조선업에 많이 쓰인다는 것을 나타내요.

수도: 벨모판

공용어: 영어

인구: 36만 6954명

정치 체제: 입헌 군주제

✱ 아래쪽의 글귀는 라틴어로 쓴 벨리즈의 국가 표어예요. '숲 그늘 아래에서 번창한다.'는 뜻이지요.

1981년 9월 21일

현재의 국기는 1981년 9월 21일에 벨리즈가 독립을 선언한 뒤부터 쓰이고 있어요. 독립 전까지 벨리즈는 아메리카 대륙에 마지막으로 남아 있던 영국의 식민지였어요.

알고 있나요?

벨리즈 국민은 대부분 마야족의 후손이에요. 세계 4대 문명 가운데 하나인 마야 문명은 기원전 1600년에 탄생하여 약 3000년 동안 이어지다가 스페인의 식민 지배가 시작될 무렵에 멸망했어요.

코스타리카

수도: 산호세

공용어: 스페인어

인구: 486만 명

정치 체제: 공화제

✱ 세 봉우리는 코스타리카의 3대 산맥을 상징해요.

✱ 7개의 별은 코스타리카를 이루는 7개 주를 나타내요.

✱ 봉우리 앞뒤로 보이는 바다와 배들은 카리브해와 태평양 사이에 있는 코스타리카의 지리적 위치를 나타내요.

국기의 세 가지 색을 고른 사람은 1848년 당시 대통령의 부인이었던 파시피카 페르난데스예요. 프랑스 국민에 대한 경의의 표시였지요. 그해에 프랑스 국민은 또다시 혁명을 일으켰어요. 채 한 세기도 지나기 전에 세 번이나 혁명을 일으킨 거였지요. 현재의 국기는 1964년에 공식 제정되었어요.

토막 상식

코스타리카는 세계에서 처음으로 군대를 없앴어요! 1948년의 일이었답니다.

아메리카

온두라스

공용어: 스페인어
인구: 911만 명
정치 체제: 공화제

수도: 테구시갈파

가이아나

공용어: 영어
인구: 77만 3303명
정치 체제: 공화제

수도: 조지타운

콜롬비아

공용어: 스페인어
인구: 4865만 명
정치 체제: 공화제

수도: 보고타

볼리비아

공용어: 스페인어와 36개 토착 언어
인구: 1089만 명
정치 체제: 공화제

알고 있나요?
각종 무기가 그려진 국기는 정부 기관과 선박에서만 사용해요. 일반 국민은 공식적으로 이 국기를 걸 수 없어요.

수도: 라파스(행정) 수크레(사법)

수도: 산티아고

칠레

공용어: 스페인어
인구: 1791만 명
정치 체제: 공화제

- 콘도르는 볼리비아를 대표하는 상징물이에요. 이 힘센 새는 볼리비아를 비롯하여 남미의 여러 나라에 걸쳐 있는 안데스산맥에 서식해요.
- 월계수와 올리브 가지를 엮어 만든 관은 전쟁 끝에 얻은 승리와 평화를 상징해요.
- 도끼는 권위를 뜻해요.
- 빨간 모자는 자유의 상징이에요.
- 산은 볼리비아의 남쪽 포토시 지역에 실제로 있는 산이에요. 이 산에는 볼리비아의 주요 산업인 은 광산이 있어요.
- 작은 교회는 예수 그리스도와 가톨릭교를 나타내요.
- 밀은 16세기에 스페인 사람들이 남아메리카로 가져온 거예요. 밀은 풍부한 먹을거리를 상징해요.
- 라마와 종려나무는 볼리비아에 서식하는 수많은 동식물을 나타내요.

브라질

아메리카

수도: 브라질리아

공용어: 포르투갈어

인구: 2억 765만 명

정치 체제: 공화제

현재의 브라질 국기는 군주제를 폐지하고 공화제를 선포한 1889년에 공식 채택되었어요.

✱ 브라질의 국가 표어인 '질서와 진보'는 19세기 프랑스 철학자 오귀스트 콩트의 철학에 영향을 받았어요.

✱ 초록색은 아마존 밀림을 상징해요. 이 거대한 정글은 브라질 전체 국토의 절반이 넘어요!

✱ 황금빛 마름모는 브라질 땅속에 묻혀 있는 풍부한 자원을 나타내요.

✱ 국기에 점점이 박힌 27개의 별은 브라질을 이루는 26개 주와 1개의 연방 특별구[8]를 가리켜요!

8. 연방 특별구는 수도인 브라질리아로, 개별적인 법률과 자치권을 가진 26개 주를 아우르는 역할을 해요.

✱ 동그라미는 공화제가 선포된 1889년 11월 15일에 본 리우데자네이루의 하늘을 나타내요. 별들이 떠 있는 모양이 그날의 별자리와 정확히 일치하지요.

작은개자리 / 바다뱀자리 / 남십자자리 / 처녀자리 / 용골자리 / 큰개자리 / 전갈자리 / 팔분의자리 / 남쪽삼각형자리

ORDEM E PROGRESSO

역사 수첩

포르투갈 사람들은 16세기 초에 브라질을 처음 발견했어요. 이들은 농장을 세우고 노예들을 부려 사탕수수를 재배했어요. 또, 목재를 유럽으로 수출했지요. 19세기 초(1808년), 포르투갈의 황태자 페드루가 아버지 주앙 1세와 함께 나폴레옹에 쫓겨 브라질로 도망쳤어요. 12년 뒤에 황태자는 브라질을 독립국으로 선포하고 왕(페드루 1세)이 되었지요. 1889년 브라질은 군주국에서 공화국으로 변신했는데, 이 과정에서 피를 흘린 사람은 아무도 없었답니다!

브라질 최초의 국기는 프랑스 출신의 장밥티스트 데브레가 1822년에 제작했어요. 이때부터 국기에 포르투갈 왕을 상징하는 색깔인 노랑과 초록이 사용되었지요. 현재의 국기는 1889년에 천문학자 마누엘 페레이라 레이스를 비롯한 여러 사람이 함께 만든 거예요.

토막 상식

브라질 사람들은 축구 국가 대표 선수들을 '귀여운 카나리아'라고 부르기도 해요. 유니폼 윗도리의 색깔을 보면 카나리아가 떠오르기 때문이래요.

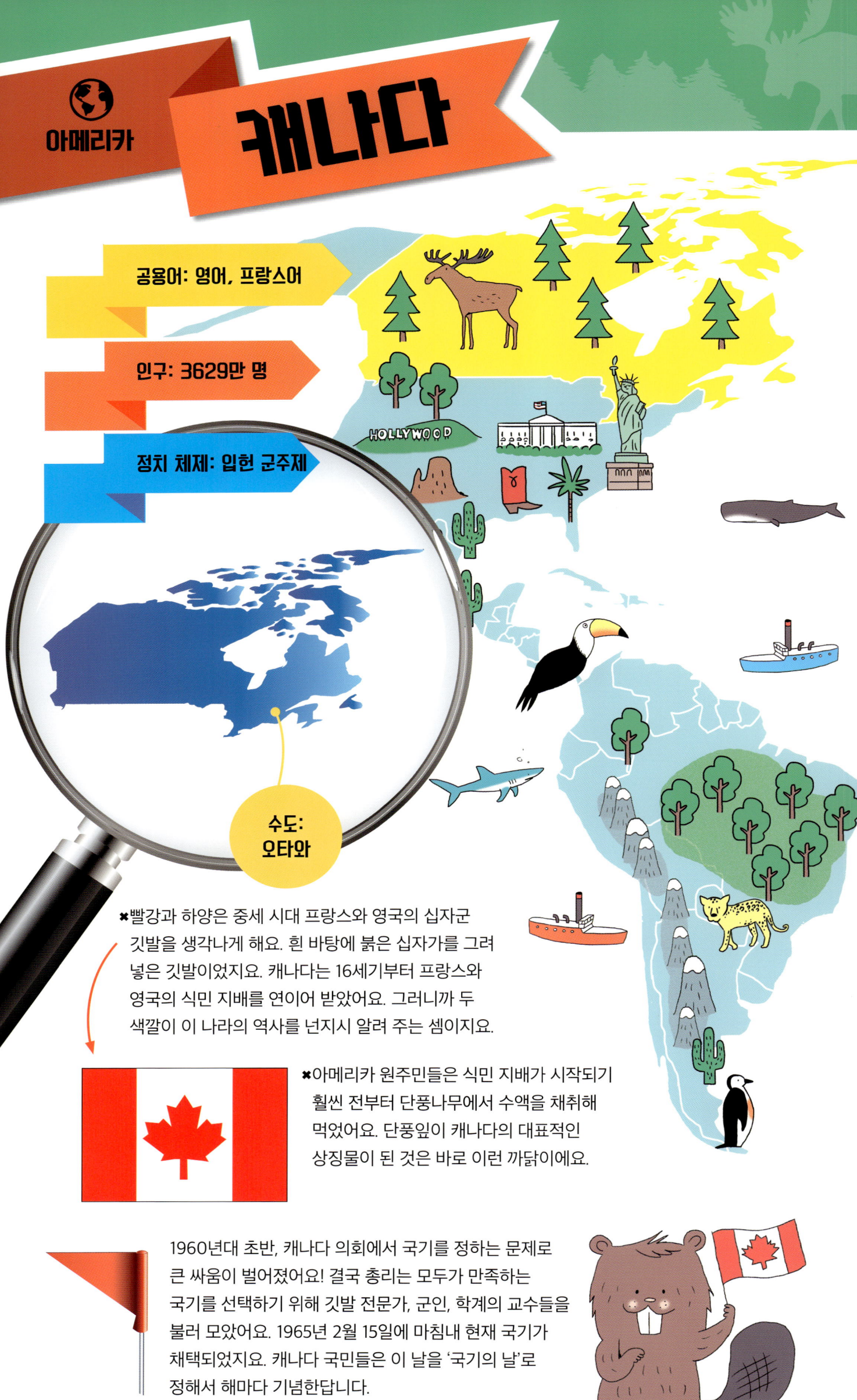

1921년

1921년 11월 21일, 영국 왕 조지 5세는 빨강과 하양을 캐나다를 대표하는 색깔로 승인하고, 현재의 왕실 문장을 캐나다에 내려 주었어요.

역사 수첩

크리스토퍼 콜럼버스가 아메리카 대륙을 발견한 1492년 이후, 유럽의 강대국들은 너도나도 신대륙 쪽으로 탐험가를 보냈어요. 1534년, 프랑스의 항해가 자크 카르티에가 캐나다 세인트로렌스만에 처음 도착한 것을 계기로 프랑스 사람들이 차츰 현재의 몬트리올과 퀘벡 주변에 터를 잡고 살기 시작했어요. 그 결과 '누벨 프랑스(새로운 프랑스)'라는 식민지가 세워졌지요. 하지만 누벨 프랑스는 그리 오래가지 못했답니다. 프랑스는 영국과 몇 차례 전쟁을 벌인 끝에 이 땅을 영국에 넘겨주어야 했어요.

알고 있나요?

캐나다의 국가 표어는 '바다에서 바다로'예요. 캐나다의 지리와 딱 맞는 말이지요. 서쪽의 태평양과 동쪽의 대서양 사이에 캐나다가 놓여 있으니까요.

알고 있나요?

캐나다를 대표하는 상징물로는 단풍잎만 있는 게 아니에요. 비버도 있지요. 옛날에는 사냥꾼들이 비버를 잡아서 유럽으로 보냈어요. 당시 비버 털가죽으로 만든 모자는 유럽 귀족들 사이에서 엄청난 유행이었답니다.

토막 상식

1867년에 시인이자 교육자였던 알렉산더 뮤어가 단풍잎을 찬양하는 노래를 지었어요. 제목도 아주 단순하게 '단풍잎은 영원하다!'라고 붙였답니다.

아메리카

미국

- 공용어: 영어
- 인구: 3억 2313만 명
- 정치 체제: 공화제
- 수도: 워싱턴
- 하와이

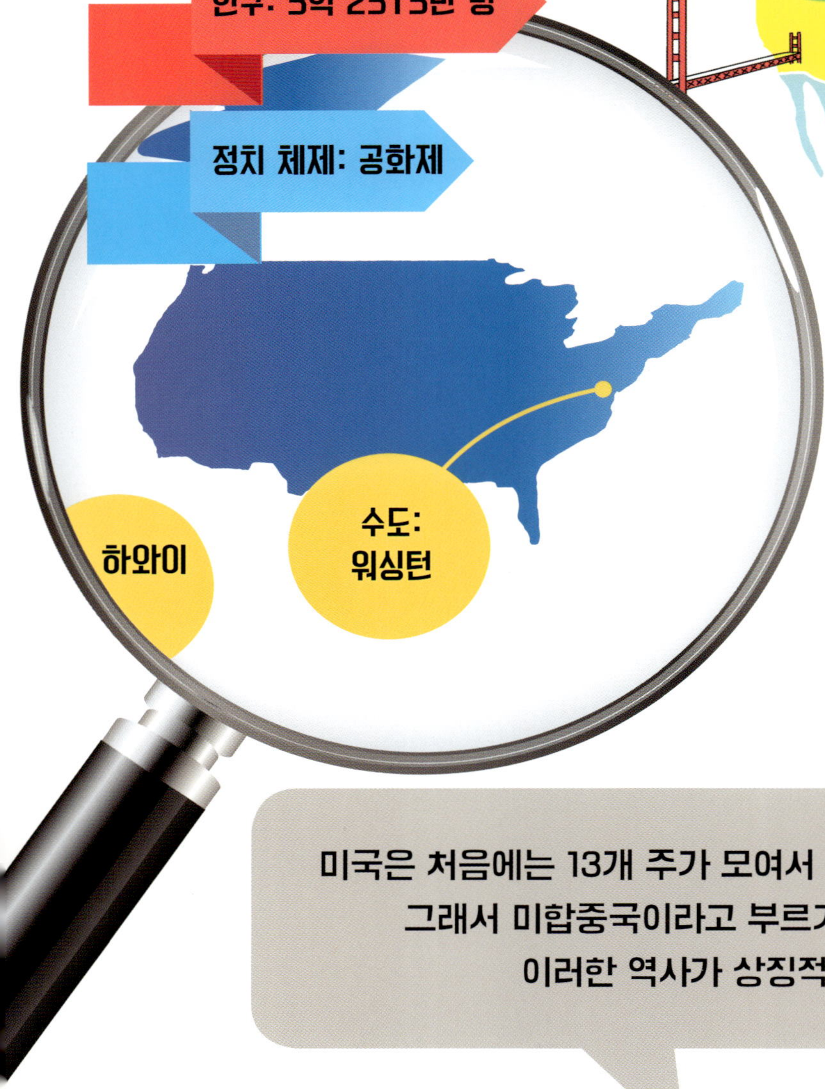

> 미국은 처음에는 13개 주가 모여서 탄생한 나라로 연방 공화국이에요. 그래서 미합중국이라고 부르기도 하지요. 현재의 국기에는 이러한 역사가 상징적으로 나타나 있어요!

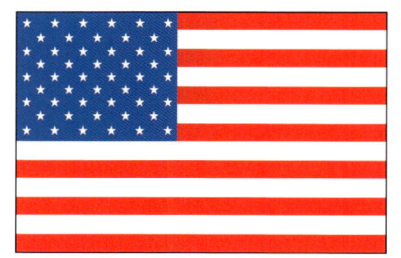

* 50개의 흰 별은 미합중국을 구성하는 50개 주를 상징해요. 가장 늦게 미합중국에 편입된 주는 하와이로, 1959년에 쉰 번째 별이 되었어요.

* 13개의 가로줄은 지난날 영국의 식민지였던 13개 주를 나타내요. 18세기 후반, 이 주들이 모여서 만든 나라가 미합중국이에요.

* 빨강과 파랑은 북아메리카에서 가장 많은 식민지를 소유했던 영국 국기의 색깔이에요.

미국 연방 정부에서는 해마다 특별한 날에는 시민들에게 국기를 걸라고 적극적으로 권한답니다. 국기의 날(7월 14일), 대통령의 날(2월 12일), 새해 첫날, 노동절(9월 첫 번째 월요일)이 바로 그러한 날이에요.

7월 4일

1776년 7월 4일은 영국의 식민 지배를 받던 13개 주가 모여 독립을 선언한 날이에요. 그래서 이 날을 독립 기념일로 정하고 해마다 축하 행사를 벌이지요.

역사 수첩

유럽, 특히 영국과 프랑스 사람들은 16세기부터 북아메리카 대륙에 식민지를 건설했어요. 1607년에 영국이 식민지 버지니아를 세운 것을 시작으로, 13개 식민지가 연이어 생겨났지요. 약 150년 뒤, 식민지 주민들이 자신들의 옛 조국에 맞서 반란을 일으켰어요. 그 결과로 새로운 아메리카의 시대가 열렸어요.

깜짝 기록

2014년, 화가 재스퍼 존스가 1983년에 그린 국기 그림이 자그마치 3600만 달러(약 385억 원)에 팔렸답니다. 소형 자동차를 3000대쯤 살 수 있는 어마어마한 금액이지요!

알고 있나요?

엉클 샘은 미국을 상징하는 유명한 가상 인물이에요. 영국과의 전쟁이 한창이던 1812년, 미국 군인들은 US(합중국을 뜻하는 United States의 약자)라는 글자가 찍힌 고기 상자를 받았어요. 이 고기는 새뮤얼 윌슨이라는 사람이 조국의 승리를 위해 지원한 것이었지요. 군인들은 새뮤얼 윌슨의 애국심에 감사하는 마음을 담아 상자에 찍힌 약자를 'Uncle Sam(샘 아저씨)'이라고 고쳐 썼어요. 그리하여 엉클 샘이라는 이름이 널리 알려졌고, 여기서 영감을 얻은 삽화가들은 이름뿐이었던 엉클 샘에게 얼굴을 만들어 주었어요. 그 얼굴은 미국의 7대 대통령인 앤드류 잭슨의 것이었답니다.

토막 상식

미국 사람들은 국기에 별명 붙이기를 좋아해요. 대표적인 별명으로는 '옛 영광' '별과 가로줄(성조기)' '별이 빛나는 깃발' 등이 있어요.

아메리카

에콰도르

역사 수첩
이 나라는 스페인 식민지였어요. 1822년에 독립했어요.

깜짝 기록
갈라파고스 제도는 에콰도르에 속한 섬이에요. 이곳에 세계적으로 희귀한 동물이 사는데, 바로 갈라파고스땅거북이에요. 이 거북은 몸길이가 1m가 넘고, 몸무게는 400kg에 이른답니다!

✱ 커다란 새는 안데스산맥에 서식하는 콘도르예요.

✱ 에콰도르를 대표하는 하천은 과야스강이에요. 국기에서 화산 아래쪽으로 흐르는 강이 바로 과야스강이에요.

공용어: 스페인어
인구: 1639만 명
정치 체제: 공화제
수도: 키토

1534년 12월 6일
이날, 스페인의 정복자 벨랄카사르가 잉카족이 파괴한 수도 키토를 다시 건설하기로 결정했어요. 해마다 에콰도르 사람들은 이날을 기념하기 위해 일주일 동안 도시 곳곳에 수많은 국기를 걸어요.

알고 있나요?
에콰도르의 국토 면적은 우리나라와 북한을 합친 것보다 조금 더 넓어요.

과테말라

공용어: 스페인어
인구: 1658만 명
정치 체제: 공화제
수도: 과테말라시티

✱ 케찰은 과테말라에 서식하는 희귀한 새예요. 새장에 갇히는 걸 견디지 못한다고 해요. 과테말라에서는 이 새를 자유와 독립의 상징으로 여겨요.

✱ 두루마리에는 과테말라가 독립한 날짜가 적혀 있어요.

국기 안의 국가 문장은 19세기에 과테말라에 살았던 스위스 출신의 한 화가가 그린 거예요.

알고 있나요?
과테말라에는 스페인 사람들이 도착하기 훨씬 전부터 원주민들이 살았어요. 그들의 말로 과테말라는 숲이라는 뜻이에요.

멕시코

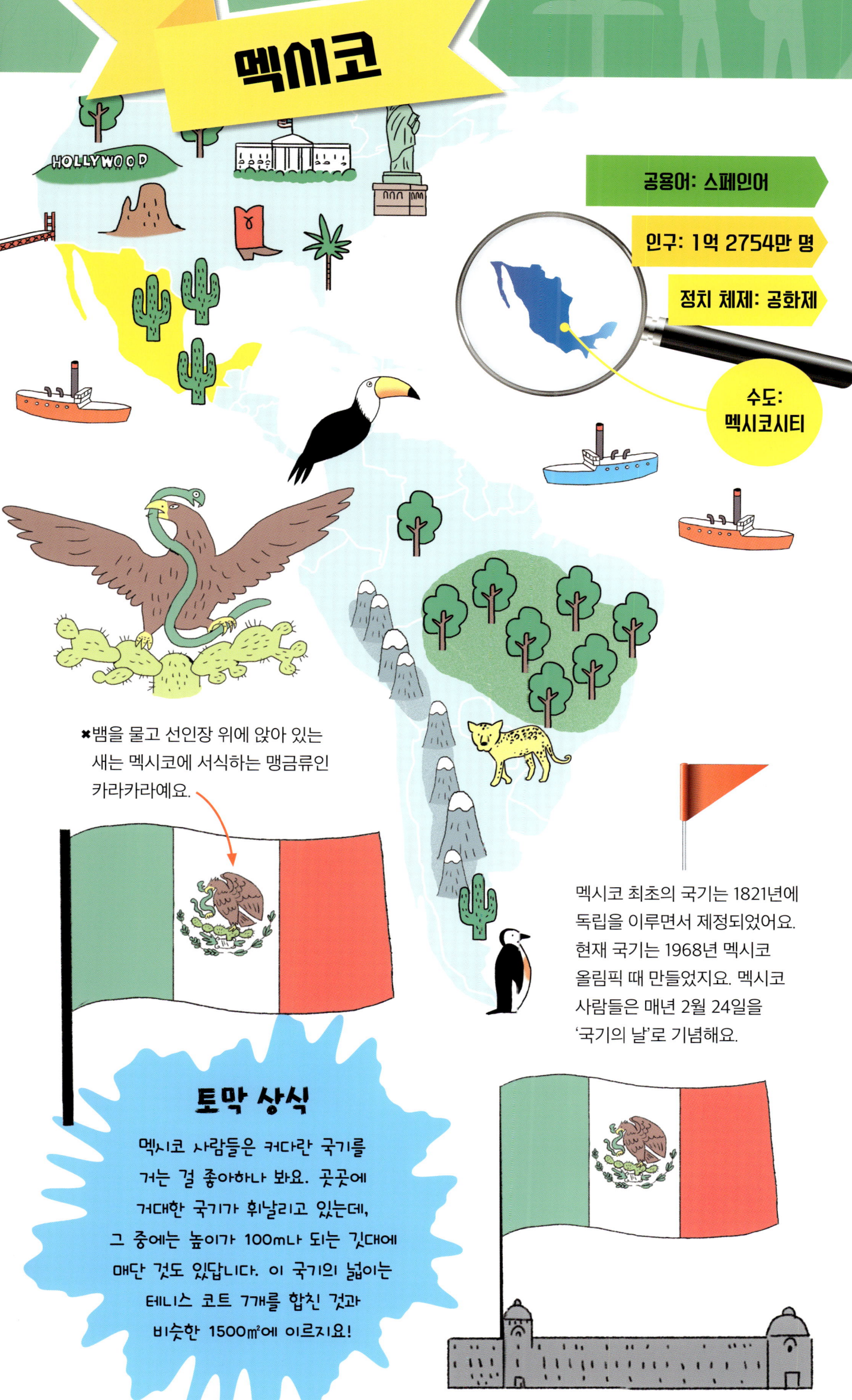

- 공용어: 스페인어
- 인구: 1억 2754만 명
- 정치 체제: 공화제
- 수도: 멕시코시티

✳뱀을 물고 선인장 위에 앉아 있는 새는 멕시코에 서식하는 맹금류인 카라카라예요.

멕시코 최초의 국기는 1821년에 독립을 이루면서 제정되었어요. 현재 국기는 1968년 멕시코 올림픽 때 만들었지요. 멕시코 사람들은 매년 2월 24일을 '국기의 날'로 기념해요.

토막 상식

멕시코 사람들은 커다란 국기를 거는 걸 좋아하나 봐요. 곳곳에 거대한 국기가 휘날리고 있는데, 그 중에는 높이가 100m나 되는 깃대에 매단 것도 있답니다. 이 국기의 넓이는 테니스 코트 7개를 합친 것과 비슷한 1500㎡에 이르지요!

아메리카

엘살바도르

공용어: 스페인어
인구: 634만 명
정치 체제: 공화제

수도: 산살바도르

파나마

수도: 파나마시티

공용어: 스페인어
인구: 403만 명
정치 체제: 공화제

알고 있나요?
파나마 국기는 미국 국기를 참고해서 만들었어요. 1903년에 파나마가 콜롬비아에서 분리 독립할 때 도와준 미국을 기억하기 위해서예요.

페루

수도: 리마

공용어: 스페인어, 케추아어, 아이마라어
인구: 3177만 명
정치 체제: 공화제

파라과이

수도: 아순시온

공용어: 스페인어, 과라니어
인구: 673만 명
정치 체제: 공화제

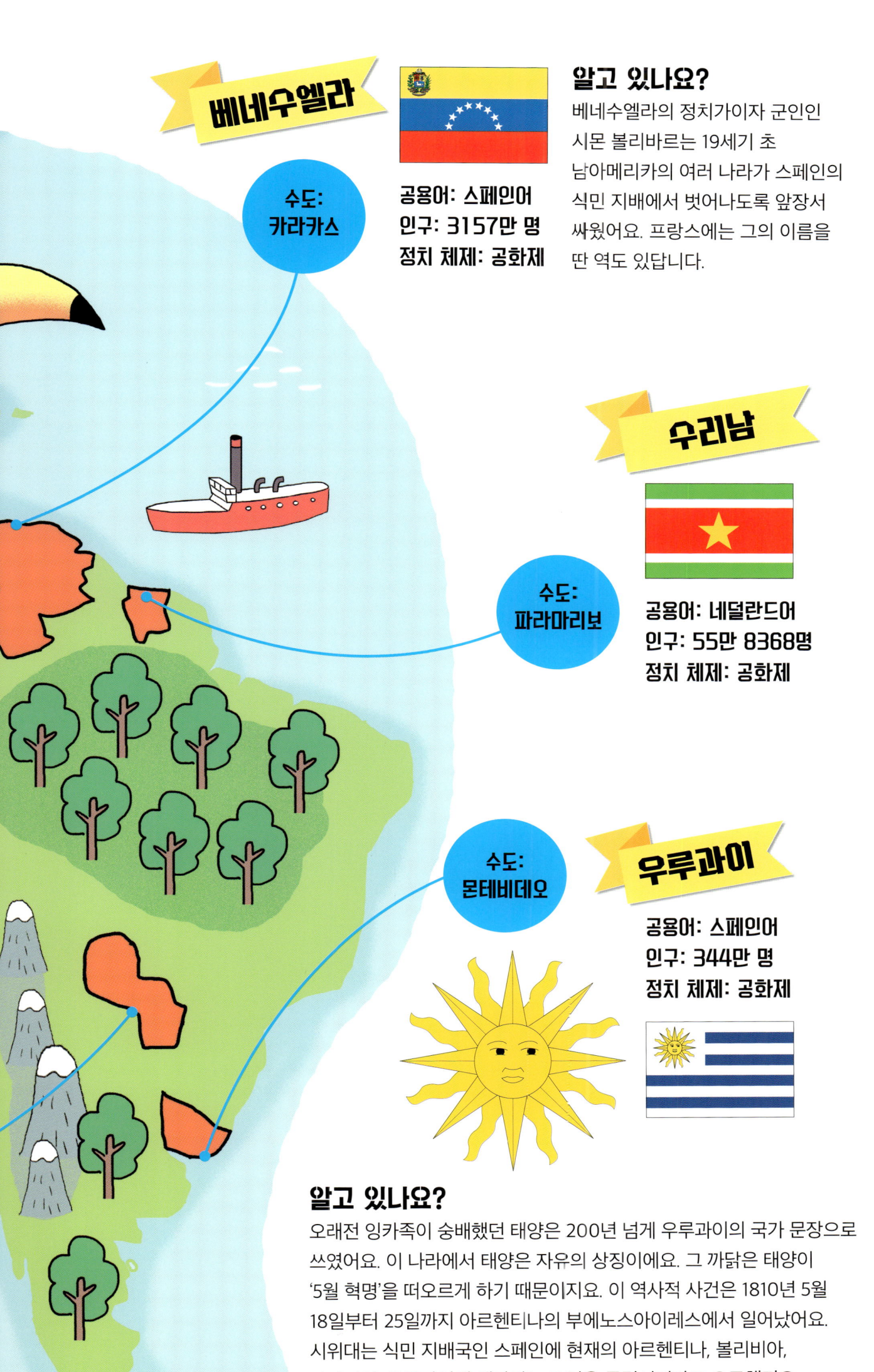

베네수엘라

공용어: 스페인어
인구: 3157만 명
정치 체제: 공화제

수도: 카라카스

알고 있나요?
베네수엘라의 정치가이자 군인인 시몬 볼리바르는 19세기 초 남아메리카의 여러 나라가 스페인의 식민 지배에서 벗어나도록 앞장서 싸웠어요. 프랑스에는 그의 이름을 딴 역도 있답니다.

수리남

공용어: 네덜란드어
인구: 55만 8368명
정치 체제: 공화제

수도: 파라마리보

우루과이

공용어: 스페인어
인구: 344만 명
정치 체제: 공화제

수도: 몬테비데오

알고 있나요?
오래전 잉카족이 숭배했던 태양은 200년 넘게 우루과이의 국가 문장으로 쓰였어요. 이 나라에서 태양은 자유의 상징이에요. 그 까닭은 태양이 '5월 혁명'을 떠오르게 하기 때문이지요. 이 역사적 사건은 1810년 5월 18일부터 25일까지 아르헨티나의 부에노스아이레스에서 일어났어요. 시위대는 식민 지배국인 스페인에 현재의 아르헨티나, 볼리비아, 파라과이, 우루과이에 해당하는 지역을 독립시키라고 요구했지요.

아메리카

푸에르토리코

공용어: 스페인어, 영어   인구: 341만 명
정치 체제: 공화제

알고 있나요?
푸에르토리코는 좀 특이한 나라예요. 독립적인 의회가 존재하기 때문에 실제로는 미국의 일부가 아니지요. 하지만 국민들은 미국 대통령을 자신들의 대통령으로 인정하고, 일부 미국 헌법을 따른답니다. 괌, 북마리아나 제도 연방, 미국령 버진아일랜드도 푸에르토리코와 같은 상황이에요.

수도: 산후안

바하마

수도: 나소

공용어: 영어
인구: 39만 1232명
정치 체제: 공화제

카리브해
쿠바
도미니카 공화국
베네수엘라

영국령 제도
- 버뮤다 제도
- 케이맨 제도
- 터크스 케이커스 제도
- 영국령 버진아일랜드
- 앵귈라
- 몬트세랫

프랑스령 제도
- 생마르탱
- 생바르텔르미
- 과들루프
- 레생트
- 마리갈란트
- 라데지라드
- 마르티니크

네덜란드령 제도
- 사바
- 신트외스타티위스
- 신트마르턴
- 아루바
- 보나이러

자메이카

수도: 킹스턴

공용어: 영어
인구: 288만 명
정치 체제: 입헌 군주제

세인트키츠 네비스

공용어: 영어
인구: 5만 4821명
정치 체제: 입헌 군주제

알고 있나요?
이 나라 국기는 공모전에서 뽑힌 한 교사의 작품이에요. 이 국기는 독립 국가가 된 날인 1983년 9월 19일에 처음으로 게양되었어요.

수도: 바스테르

앤티가 바부다

공용어: 영어
인구: 10만 963명
정치 체제: 입헌 군주제

수도: 세인트존스

세인트루시아

공용어: 영어
인구: 17만 8015명
정치 체제: 입헌 군주제

수도: 캐스트리스

세인트빈센트 그레나딘

공용어: 영어
인구: 10만 9643명
정치 체제: 입헌 군주제

수도: 킹스타운

도미니카 공화국

공용어: 스페인어
인구: 1065만 명
정치 체제: 공화제

수도: 산토도밍고

트리니다드 토바고

공용어: 영어
인구: 136만 명
정치 체제: 공화제

수도: 포트오브스페인

쿠바

아메리카

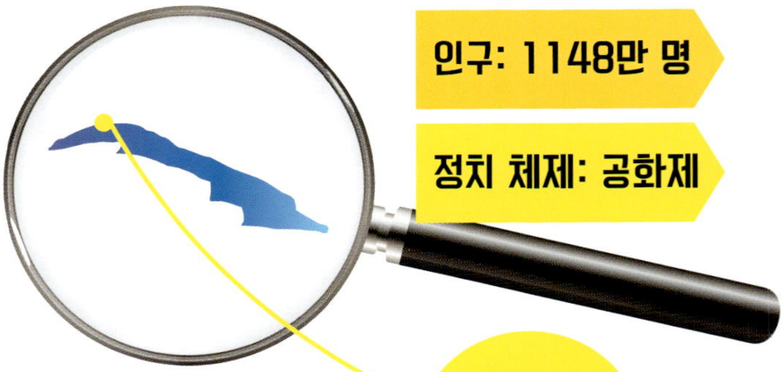

공용어: 스페인어
인구: 1148만 명
정치 체제: 공화제

수도: 아바나

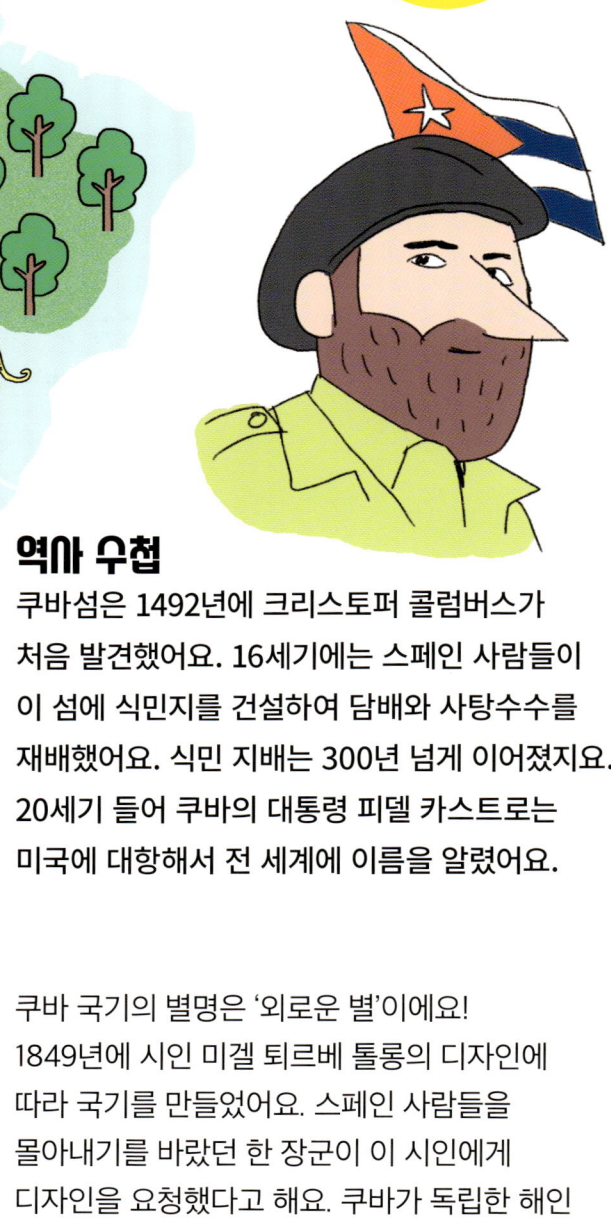

✳이 별에는 쿠바가 미국의 한 주가 되기를 바랐던 19세기 일부 쿠바 사람들의 생각이 담겨 있어요. 하지만 오늘날 이 별은 독립을 상징해요.

✳국기의 색깔은 미국 국기를 참고했어요.

역사 수첩
쿠바섬은 1492년에 크리스토퍼 콜럼버스가 처음 발견했어요. 16세기에는 스페인 사람들이 이 섬에 식민지를 건설하여 담배와 사탕수수를 재배했어요. 식민 지배는 300년 넘게 이어졌지요. 20세기 들어 쿠바의 대통령 피델 카스트로는 미국에 대항해서 전 세계에 이름을 알렸어요.

쿠바 국기의 별명은 '외로운 별'이에요! 1849년에 시인 미겔 퇴르베 톨롱의 디자인에 따라 국기를 만들었어요. 스페인 사람들을 몰아내기를 바랐던 한 장군이 이 시인에게 디자인을 요청했다고 해요. 쿠바가 독립한 해인 1902년 5월 20일에 공식 국기로 채택되었지요.

7월 26일
1953년 7월 26일은 피델 카스트로가 권력을 잡기 위해 혁명을 일으킨 날이에요. 쿠바 국민들은 해마다 이날을 기념한답니다.

깜짝 기록
쿠바는 카리브해에서 가장 큰 섬이에요. 우리나라보다도 넓답니다.

그레나다

✱ 이것은 육두구 열매예요! 향신료로 많이 쓰이는 육두구 열매는 그레나다의 주요 수출 품목으로, 국가를 대표하는 상징이 되었답니다.

수도: 세인트조지스

공용어: 영어

인구: 10만 7317명

정치 체제: 입헌 군주제

역사 수첩

그레나다는 카리브해의 다른 섬들과 마찬가지로 원래 원주민들의 터전이었어요. 하지만 17세기부터 프랑스와 영국의 식민 지배를 받았지요. 1974년 독립을 이룬 그레나다의 별명은 '향신료 섬'이에요. 계피, 바닐라, 정향 같은 각종 향신료가 많이 나기 때문이지요. 미식가들한테는 천국 같은 곳이지요!

아이티

수도: 포르토프랭스

공용어: 프랑스어

인구: 1085만 명

정치 체제: 공화제

✱ 아이티 국기는 프랑스 국기를 본떠서 만들었어요. 그래서 프랑스 혁명을 상징하는 빨강과 파랑이 쓰였어요. 하양은 왜 빠졌느냐고요? 하양은 프랑스 식민 통치 시절에 받았던 억압을 뜻하기 때문이에요.

토막 상식

아이티 축구 국가 대표의 이름은 '레 루즈 에 블뢰(빨강과 파랑)'예요. '레 블뢰(파랑)'라고 불리는 프랑스 국가 대표와 혼동하면 안 돼요.

1월 1일

아이티 사람들에게 이날은 새해 첫날 말고도 다른 의미가 있어요. 독립을 축하하는 날이기도 하지요. 아이티는 1804년 1월 1일에 독립을 선언했답니다.

역사 수첩

아이티에서 가장 유명한 인물은 투생 루베르튀르(1743~1803)예요. 그는 노예로서 아이티의 독립과 노예 해방에 앞장섰어요. 마침내 프랑스 혁명을 계기로 노예제가 폐지되고, 그가 이 섬의 통치자가 되었어요. 그러나 1802년에 나폴레옹의 군대에게 체포되고 말았지요. 이후 노예제가 부활했어요.

알고 있나요?

서인도 제도에서 두 번째로 큰 섬인 히스파니올라섬의 한 부분이 아이티의 영토예요. 그 섬의 나머지는 도미니카 공화국의 땅이에요.

국경 없는 깃발들

모든 기가 국가를 대표하는 것은 아니랍니다. 특정 지역이나 스포츠 기구, 미승인 국가, 국제기구 등을 대표하는 기들도 있어요.
아래의 기들은 여러분도 어디선가 본 기억이 있을 거예요.

대규모 정치 기구

유럽 연합(EU)

국제 연합(UN)

알고 있나요?
유럽 연합은 28개 국가로 이루어져 있어요.

아프리카 연합

아랍 연맹

카리브 공동체(카리콤)

알고 있나요?
아프리카 연합은 아프리카 54개국의 모임이에요.

알고 있나요?
카리브 공동체는 카리브해 연안의 20개 국가가 이룬 단체예요.

태평양 공동체

알고 있나요?
태평양 공동체는 태평양 연안에 자리한 25개 이상의 크고 작은 섬들이 모여서 만든 단체예요. 여기에는 프랑스, 미국, 오스트레일리아, 뉴질랜드도 포함되어요.

동남아시아 국가 연합(아세안)

보건 기구

적십자기

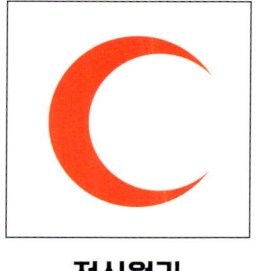
적신월기

적수정기

스포츠

올림픽기(오륜기)

지방과 자치령

지브롤터

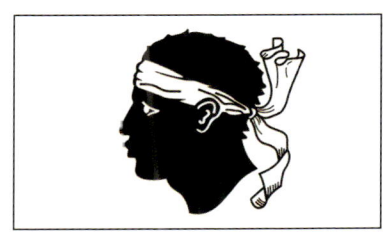
코르시카

브르타뉴

사르데냐

국제 사회에서 완전히 인정받지 못한 국가

팔레스타인

코소보

사하라 아랍 민주 공화국

오세아니아 — 오스트레일리아

- 공용어: 영어
- 인구: 2413만 명
- 정치 체제: 입헌 군주제
- 수도: 캔버라

✱ 영국 국기 유니언 잭이 국기에 들어간 것은 이 나라가 1788년부터 1901년까지 영국의 식민지였다는 사실을 생각나게 해요.

✱ 이것은 오스트레일리아가 위치한 남반구에서 볼 수 있는 별자리인 남십자자리예요.

✱ 7개의 빛줄기를 뿜어내는 커다란 별은 오스트레일리아 연방을 이루는 주와 준주를 나타내요. 주는 뉴사우스웨일스, 빅토리아, 퀸즐랜드, 웨스턴오스트레일리아, 사우스오스트레일리아, 태즈메이니아 등 6개이고, 준주는 노던 준주와 오스트레일리아 수도 준주가 있어요.

역사 수첩

정상적인 국가가 되기 전, 오스트레일리아는 담장 없는 감옥이었답니다! 영국이 범죄를 저지른 사람들을 이곳으로 보냈거든요. 그러니까 오스트레일리아에 살기 시작한 최초의 유럽 사람들은 바로 이 죄수들인 셈이에요.

최초의 오스트레일리아 국기는 1901년 공모전을 통해 탄생했지만, 곧장 공식적으로 사용되진 못했어요. 영국 여왕이 승인할 때까지 거의 3년을 기다려야 했거든요. 오늘날 오스트레일리아에서는 국기 논쟁이 벌어지고 있어요. 유니언 잭(영국 국기)을 빼고 대신 캥거루와 에뮤 그림을 넣자는 의견도 있지요. 캥거루와 에뮤는 이미 이 나라의 국가 문장에 들어 있어요.

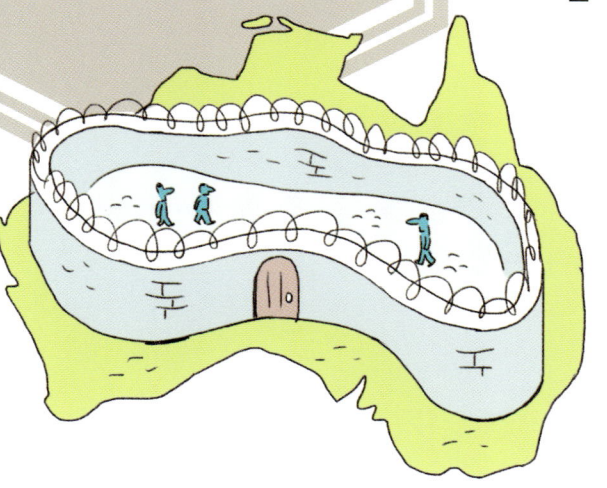

토막 상식

오스트레일리아 사람들은 자기 나라를 재미있는 별명으로 부를 때가 많아요. 그 별명은 바로 《오즈의 마법사》에 등장하는 '오즈'랍니다.

알고 있나요?

오스트레일리아를 상징하는 색깔은 황금색과 초록색이에요. 이 두 색깔은 국기에는 없지만, 럭비 국가 대표 유니폼에서 볼 수 있어요!

오세아니아

미크로네시아

공용어: 영어
인구: 10만 4937명
정치 체제: 공화제

수도: 팔리키르

팔라우
공용어: 팔라우어, 영어
인구: 2만 1503명
정치 체제: 공화제

* 동그라미는 국가 통합의 상징인 달을 나타내요. 파란 바탕은 태평양을 떠올리게 하지만, 1994년에 이룬 완전한 독립을 상징하기도 해요.

수도: 멜레케오크

나우루

공용어: 나우루어
인구: 1만 3049명
정치 체제: 공화제

수도: 야렌

* 노란 선은 북반구와 남반구를 나누는 가로줄인 적도를 나타내요. 적도는 지구의 위선 가운데 가장 길어요. 자그마치 4만km나 된답니다!

동티모르
공용어: 테툼어, 포르투갈어
인구: 127만 명
정치 체제: 공화제

* 검정은 이 섬의 슬픈 과거를 나타내요.

수도: 딜리

알고 있나요?
1975년, 인도네시아가 동티모르를 침공했어요. 그 일로 안타깝게도 수만 명이 죽었지요. 동티모르는 2002년에야 다시 독립했어요.

솔로몬 제도

수도: 호니아라

공용어: 영어
인구: 59만 9419명
정치 체제: 입헌 군주제

마셜 제도

공용어: 마셜어, 영어
인구: 5만 3066명
정치 체제: 공화제

✶흰 별은 기독교 세계를 상징해요.

수도: 마주로

사모아

공용어: 사모아어
인구: 19만 5125명
정치 체제: 입헌 군주제

✶별들이 놓인 모양을 보면, 남십자자리가 떠올라요. 남십자자리는 남반구에서만 보이는 작은 별자리이지요.

수도: 아피아

수도: 아바루아

쿡 제도

공용어: 영어, 마오리어
인구: 1만 9400명
정치 체제: 입헌 군주제

✶15개의 별은 쿡 제도를 이루는 15개 섬을 상징해요.
✶유니언 잭은 영국과의 역사적 관계를 나타내요.

프랑스령 폴리네시아
- 투아모투 제도
- 소시에테 제도
- 감비에르 제도
- 오스트랄 제도
- 마르키즈 제도

니우에

공용어: 니우에어, 영어
인구: 1611명
정치 체제: 입헌 군주제

수도: 알로피

알고 있나요?
니우에는 쿡 제도와 마찬가지로 국토방위와 경제 문제는 뉴질랜드에 의지해요. 그러니까 완전한 독립 국가는 아닌 셈이지요.

수도: 누쿠알로파

피지

수도: 수바

공용어: 피지어, 영어
인구: 89만 8760명
정치 체제: 공화제

✶국가 문장에는 피지에서 많이 나는 바나나와 사탕수수가 들어가요.

알고 있나요?
피지는 320개가 넘는 섬들로 이루어졌어요.

통가

공용어: 통가어, 영어
인구: 10만 7122명
정치 체제: 입헌 군주제

✶1862년, 독실한 기독교 신자였던 왕 투푸 1세가 국기에 예수 그리스도를 상징하는 빨간 십자가를 넣게 했어요.

오세아니아

키리바시

✳ 군함조는 바닷새예요. 키리바시 국민들에게 이 새는 자유와 독립을 상징해요.

✳ 흰색과 파란색 물결무늬는 태평양을 나타내요.

수도: 타라와

공용어: 영어

인구: 11만 4395명

정치 체제: 공화제

토막 상식
키리바시를 이루는 33개 섬 가운데 일부는 폭이 450m도 안 될 만큼 작아요. 서울 월드컵 경기장보다 조금 더 큰 정도지요! 키리바시의 모든 섬을 다 합친 면적도 겨우 811㎢로, 서울시와 고양시를 합한 것과 비슷해요.

역사 수첩
키리바시의 옛 이름은 '길버트 제도'예요. 이 나라는 1979년까지 영국의 통치를 받았어요.

알고 있나요?
키리바시 주민들은 세계에서 손꼽힐 만큼 가난해요. 이들은 고기잡이와 코코넛 재배, 국제 사회의 원조로 살아간답니다.

뉴질랜드

공용어: 영어, 마오리어

인구: 469만 명

정치 체제: 입헌 군주제

수도: 웰링턴

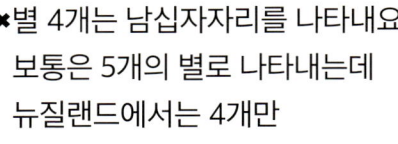

✳ 별 4개는 남십자자리를 나타내요. 보통은 5개의 별로 나타내는데 뉴질랜드에서는 4개만 보인답니다!

✳ 국기 속의 유니언 잭은 뉴질랜드가 20세기 초까지 영국의 식민지였다는 사실을 나타내요.

현재의 뉴질랜드 국기는 1902년에 공식 채택되었지만, 1869년부터 존재했어요. 국기의 모양은 앞으로 바뀔 가능성이 있어요. 유니언 잭이 들어간 국기를 싫어하는 국민들이 점점 늘고 있기 때문이지요!

알고 있나요?
뉴질랜드 국기의 별명은 '키위기'예요. 키위가 뉴질랜드에서만 사는 희귀한 새이기 때문이에요. '키위'는 뉴질랜드 사람들의 별명이기도 해요.

파푸아 뉴기니

- 공용어: 히리 모투어, 톡 피신어, 영어
- 인구: 808만 명
- 정치 체제: 입헌 군주제

수도: 포트모르즈비

✱ 이 새는 파푸아 뉴기니에 사는 극락조예요. 극락조의 깃털은 전통 의상을 화려하게 꾸미는 데 써요.

✱ 빨강과 검정은 파푸아 부족들의 전통 색깔이에요

✱ 별들은 남십자자리를 나타내요.

역사 수첩

16세기에 이 섬에 처음 도착한 스페인 사람들은 이곳 원주민이 서아프리카 기니의 원주민과 똑같다고 생각했어요. 그래서 새로운 기니라는 뜻으로 '뉴기니'라는 이름을 붙였지요. 19세기 말, 파푸아 뉴기니는 오스트레일리아와 독일의 식민 지배를 받았어요. 그러다가 1975년 9월 6일에 독립 국가가 되었답니다.

파푸아 뉴기니 국기는 1971년에 열린 공모전에서 뽑힌 것으로 17세 소녀의 작품이에요.

깜짝 기록

파푸아 뉴기니 사람들이 쓰는 언어가 몇 종류나 될까요? 자그마치 850개가 넘는답니다! 또, 이 나라에는 세계에서 가장 작은 사람들이 살아요. 키미알족은 키가 성인 남자는 140cm, 여자는 130cm밖에 안 된답니다!

알고 있나요?

파푸아 뉴기니를 이루는 약 600개의 섬 가운데에는 프랑스의 항해가 루이 앙투안 드 부갱빌의 이름을 딴 '부갱빌섬'도 있어요. 1768년에 부갱빌이 발견했지요.

오세아니아 — 투발루

* 투발루 국기는 지난날 이 나라를 식민 지배했던 영국의 선기인 '블루 엔사인'을 참고해서 만들었어요.

* 9개의 별은 투발루를 이루는 섬들을 나타내요.

수도: 푸나푸티

공용어: 투발루어, 영어

인구: 1만 1097명

정치 체제: 입헌 군주제

예전 투발루 국기는 국가 문장이 있는 것과 없는 것 등 형태가 여러 가지였어요. 문장이 없는 현재의 국기는 1978년에 독립한 날 바로 채택되었답니다.

알고 있나요?

투발루는 세계에서 두 번째로 작은 나라예요. 바티칸 시국 다음이지요. 섬들 가운데 하나는 무인도예요.

역사 수첩

투발루에 처음 사람이 살기 시작한 것은 약 2500년 전이예요. 이들은 동남아시아에서 온 사람들이었지요. 유럽인이 처음 이곳에 발을 들여놓은 것은 16세기였어요. 하지만 투발루가 영국의 식민지가 된 것은 그 뒤로 한참 지나서 19세기 말이에요. 1978년 투발루는 독립을 이루었지만, 외교 문제는 여전히 영국에 맡긴답니다.

토막 상식

몇몇 과학자의 주장에 따르면, 투발루는 21세기가 끝날 무렵 바다에 잠겨 완전히 사라질 수 있대요! 비극의 원인은 바로 지구 온난화 현상이에요.

바누아투

공용어: 비슬라마어, 영어, 프랑스어

인구: 27만 402명

정치 체제: 공화제

수도: 포트빌라

✱빨강은 축제 때 희생되는 돼지의 피를 생각하게 해요. 인간을 대신해 돼지를 제물로 바치는 것은 이 지역 전통이에요.

토막 상식

화산이 여섯 개나 있는 데다가 이 지역의 기상 조건이 좋지 않아서, 바누아투에 쓰나미와 지진이 발생할 가능성이 아주 높아요.

✱멧돼지의 송곳니는 바누아투 사람들에게 권력과 부를 상징해요.

✱노랑은 대다수 국민의 종교인 기독교를 뜻하는 색깔이에요.

✱이것은 바누아투에서 자라는 토종 양치식물의 잎으로, 평화의 상징이에요.

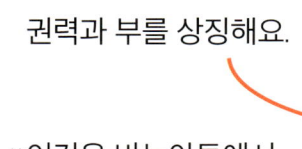
현재의 바누아투 국기는 독립을 이룬 1980년에 채택되었어요.

역사 수첩

바누아투에 사람이 살기 시작한 것은 선사 시대인 약 3300년 전이에요. 포르투갈 출신의 페드로 페르난데스 데 키로스가 유럽인으로서는 처음 이곳에 발을 들여놓은 것이 17세기예요. 그 뒤로 1980년에 독립할 때까지 바누아투는 프랑스와 영국의 식민 지배를 받았어요. 이 나라의 옛 이름은 '뉴헤브리디스'였어요.

알고 있나요?

바누아투에서 돼지는 부의 상징이에요.

시대에 따라

몇몇 나라의 국기는 복잡하게 꼬인 역사 때문에 시대에 따라 많은 변화를 겪었어요.
스페인 국기가 바로 그런 예이지요. 스페인은 200년 동안 7번이나 국기의 모양을 바꾸었답니다!

1. 1785년~1873년

왕관은 스페인이 왕이 통치하는 나라라는 것을 뜻해요. 이 국기는 부르봉 왕가의 카를로스 3세가 스페인과 프랑스의 선박을 구분하기 위해 만들었어요. 이때부터 빨간색과 황금색의 조합이 스페인을 대표하는 색깔이 되었어요!

2. 1873년~1874년

앗, 국기에서 왕관이 사라졌네요! 당연해요. 1873년에 스페인은 군주제를 폐지하고 공화제를 선포했거든요.

5. 1938년~1945년

내전에서 패한 쪽은 공화파였어요! 프랑코의 정당이 위세를 떨치게 되었지요. 그와 함께 새 국기가 채택되었어요. 새 기에는 '성 요한의 독수리'라는 검은 독수리 그림이 들어갔어요.

6. 1945년~1977년

권력을 손에 넣은 프랑코는 독재 정부를 세웠어요. 역사가들은 이것을 '프랑코 정권'이라고 불러요. 이 시기에 국기는 원래의 빨간색과 황금색을 되찾았어요.

> **알고 있나요?**
> 성 요한의 독수리는 원래 17세기에 스페인 왕과 신성 로마 제국 황제의 문장에 쓰였던 것으로, 예수 그리스도와 가톨릭교를 상징해요. 이 시대에 스페인은 전 세계 곳곳에 식민지를 소유한 아주 힘이 센 나라였답니다!

변하는 국기

국왕 알폰소 13세는 1931년에 공화파가 승리를 거두자 외국으로 도망쳤어요. 1936년에 공화파와 독재자 프랑코 장군이 이끄는 반란군 사이에 내전이 일어났지요. 이 전쟁은 1939년까지 이어졌어요.

3. 1874년~1931년

군주제가 부활했어요.

4. 1931년~1939년

국기에 보라색이 들어갔어요. 공화파에게 이 색깔은 왕과 군주제에 대한 반대를 상징해요.

7. 1977년~1981년

1975년 프랑코가 사망하자 민주주의가 부활했어요. 하지만 그러기까지는 약 4년의 시간이 더 필요했지요. 이 기간 동안에는 임시 국기가 사용되었답니다.

8. 1981년~현재

오늘날 스페인은 입헌 군주제 국가예요. 국왕은 형식상 나라를 대표할 뿐 통치권은 없어요. 통치는 대통령이 맡지요. 새로운 국가 문장이 들어간 현재의 국기는 1931년에 채택되었어요.

찾아보기

ㄱ
가나 52
가봉 53
가이아나 67
감비아 52
과테말라 74
괌 63
국제 연합 82
그레나다 81
그리스 11
기니 52
기니비사우 52

ㄴ
나미비아 59
나우루 86
나이지리아 58
남수단 61
남아프리카 공화국 44-45
네덜란드 16
네팔 62
노르웨이 16
뉴질랜드 88
니우에 87
니제르 58
니카라과 62

ㄷ
대만 29
대한민국 34
덴마크 10
도미니카 62
도미니카 공화국 79
독일 4-5
동남아시아 국가 연합 82
동티모르 86

ㄹ
라오스 33

라이베리아 51
라트비아 17
러시아 12-13
레바논 32
레소토 50
루마니아 23
룩셈부르크 16
르완다 60
리비아 59
리투아니아 17
리히텐슈타인 16

ㅁ
마다가스카르 59
마셜 제도 87
마카오 63
마케도니아 17
말라위 51
말레이시아 38
말리 58
맨섬 63
멕시코 75
모나코 18
모로코 58
모리셔스 59
모리타니 58
모잠비크 62
몬테네그로 16

몰도바 17
몰디브 38
몰타 18
몽골 38
미국 72-73
미얀마 38
미크로네시아 86

ㅂ
바누아투 91
바레인 31
바베이도스 62
바티칸 시국 22
바하마 78
방글라데시 31

버뮤다 제도 78
베냉 48
베네수엘라 77
베트남 41
벨기에 6
벨라루스 6
벨리즈 66
보스니아 헤르체고비나 11
보츠와나 49
볼리비아 67
부룬디 49
부르키나파소 48
부탄 26
북마리아나 제도 연방 62
북한 31
불가리아 11
브라질 68-69
브루나이 27
브르타뉴 83

ㅅ
사르데냐 83
사모아 87
사우디아라비아 30
사하라 아랍 민주 공화국 83
산마리노 22
상투메 프린시페 54
세네갈 60
세르비아 23
세이셸 63
세인트루시아 79
세인트빈센트 그레나딘 79
세인트키츠 네비스 79
소말리아 61
솔로몬 제도 86
수단 61
수리남 77
스리랑카 37, 63
스와질란드 55
스웨덴 22
스위스 22
스페인 8
슬로바키아 23
슬로베니아 23
시리아 40

94

시에라리온 60
싱가포르 41

ㅇ
아랍 에미리트 30
아랍 연맹 82
아르메니아 30
아르헨티나 64-65
아이슬란드 10
아이티 81
아일랜드 10
아제르바이잔 30
아프가니스탄 30
아프리카 연합 82
안도라 6
알바니아 6
알제리 48
앙골라 49
앤티가 바부다 79
에리트레아 53

에스토니아 11
에콰도르 74
에티오피아 53
엘살바도르 76
영국 20-21
예멘 40
오만 38
오스트레일리아 84-85
오스트리아 6
온두라스 67
올림픽기 83
요르단 32
우간다 54
우루과이 77
우즈베키스탄 38
우크라이나 23
웨일스 63
유럽 연합 82
이라크 32
이란 32
이스라엘 32
이집트 46-47
이탈리아 9
인도 35
인도네시아 31

일본 33

ㅈ
자메이카 78
잠비아 56
적도 기니 52
적수정 83
적신월 83
적십자 83
조지아 30
중국 28-29
중앙아프리카 공화국 49
지부티 53
지브롤터 83
짐바브웨 57

ㅊ
차드 61
체코 22
칠레 67

ㅋ
카리브 공동체 82
카메룬 48
카보베르데 48
카자흐스탄 33
카타르 40
캄보디아 62
캐나다 70-71
케냐 50
코르시카 83
코모로 49
코소보 83
코스타리카 66
코트디부아르 52
콜롬비아 67
콩고 53
콩고 민주 공화국 53
쿠바 80
쿠웨이트 33

쿡 제도 87
크로아티아 10
키르기스 36
키리바시 88
키프로스 7

ㅌ
타지키스탄 41
탄자니아 61

태국 41
태평양 공동체 82
터키 39
토고 60
통가 87
투르크메니스탄 40
투발루 90
튀니지 60
트리니다드 토바고 79

ㅍ
파나마 76
파라과이 76
파키스탄 40
파푸아 뉴기니 89
팔라우 86
팔레스타인 83
페루 76
포르투갈 19
폴란드 17
푸에르토리코 78
프랑스 14-15
피지 87
핀란드 11
필리핀 36

ㅎ
헝가리 11
홍콩 63

Le trés grand livre des drapeaux et des pays, text by Sophie Crépon, illustrations by Vincent Bergier and Laurent Kling

이미지 출처

셔터스톡 - 표지: ©Kanate ; ©tatishdesign ; ©iadams ; ©Vjom ; ©Seita ; ©Lisa Kolbasa; ©paseven ; ©Blackspring ; ©VikaSuh ; ©UVAconcept. 문장: ©Laschon Robert Paul.
내지: 12쪽 ©meunierd ; 13쪽 ©d100 ; 14쪽 ©NLshop ; 24쪽 a ©Hein nouwens,c ©A S E F ; 42쪽 a ©Dutourdumonde Photography, b ©Singulyarra, c ©David Kay, d ©Jose Lledo ; 43쪽 a ©Benoit Daoust ; 64쪽 ©Marish ; 65쪽 ©Alexander Ryabintsev ; 69쪽 ©blueistrue ; 78쪽 ©Volina ; 82쪽 c,d,e ©Julinzy ; 83쪽 e, g, i, j, k ©Ivsanmas ; 83쪽 f ©Atlaspix ; 84-85쪽 ©Macrovector ; 94쪽 ©RedKoala.
© Coll. Archives Larousse : 24쪽 b, d.
© Archives Larbor : 43쪽 b, d.
© BrunoH / Fotolia.com : 43쪽 c.

남아프리카 공화국

- 수도: 프리토리아(행정), 케이프타운(입법), 블룸폰테인(사법)
- 인구: 5591만 명
- 공용어: 줄루어, 아프리칸스어, 영어 등 총 11개 언어

아프가니스탄

- 수도: 카불
- 인구: 3466만 명
- 공용어: 파슈토어, 다리어

알제리

- 수도: 알제
- 인구: 4061만 명
- 공용어: 아랍어, 베르베르어

알바니아

- 수도: 티라나
- 인구: 288만 명
- 공용어: 알바니아어

앙골라

- 수도: 루안다
- 인구: 2881만 명
- 공용어: 포르투갈어

독일

- 수도: 베를린
- 인구: 8267만 명
- 공용어: 독일어

아르헨티나

- 수도: 부에노스아이레스
- 인구: 4385만 명
- 공용어: 스페인어

사우디아라비아

- 수도: 리야드
- 인구: 3228만 명
- 공용어: 아랍어

오스트레일리아

- 수도: 캔버라
- 인구: 2413만 명
- 공용어: 영어

오스트리아

- 수도: 빈
- 인구: 875만 명
- 공용어: 독일어

바하마

- 수도: 나소
- 인구: 39만 1232명
- 공용어: 영어

아제르바이잔

- 수도: 바쿠
- 인구: 976만 명
- 공용어: 아제르바이잔어

방글라데시

- 수도: 다카
- 인구: 1억 6300만 명
- 공용어: 벵골어

바레인

- 수도: 마나마
- 인구: 143만 명
- 공용어: 아랍어

벨리즈

- 수도: 벨모판
- 인구: 36만 6954명
- 공용어: 영어

벨기에

- 수도: 브뤼셀
- 인구: 1135만 명
- 공용어: 네덜란드어, 프랑스어, 독일어

볼리비아

- 수도: 라파스(행정) 수크레(사법)
- 인구: 1089만 명
- 공용어: 스페인어와 36개 토착 언어

미얀마

- 수도: 네피도
- 인구: 5289만 명
- 공용어: 버마어

브루나이

- 수도: 반다르스리브가완
- 인구: 42만 3196명
- 공용어: 말레이어

브라질

- 수도: 브라질리아
- 인구: 2억 765만 명
- 공용어: 포르투갈어

자르는 선

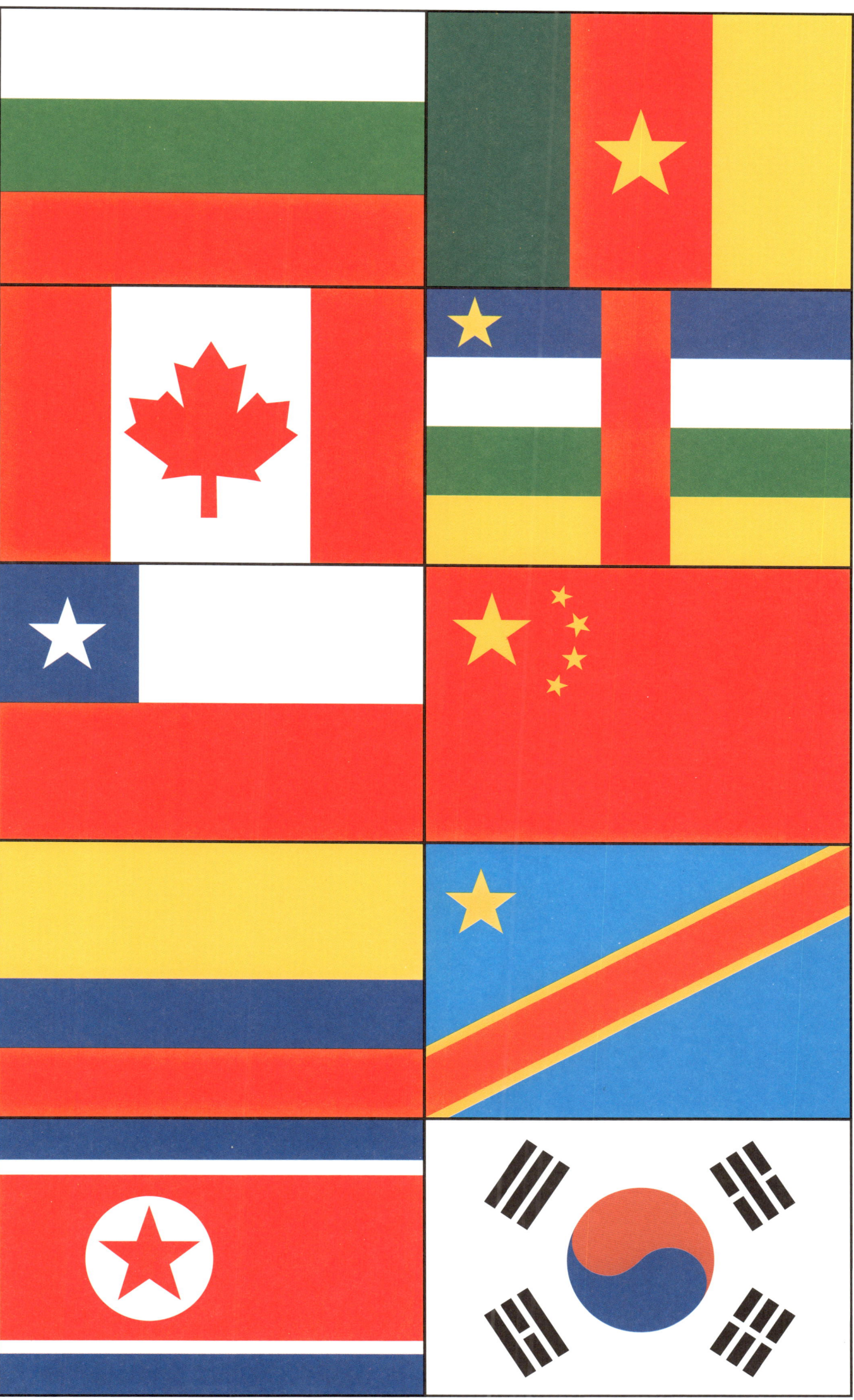

카메룬

- 수도: 야운데
- 인구: 2344만 명
- 공용어: 영어, 프랑스어

불가리아

- 수도: 소피아
- 인구: 713만 명
- 공용어: 불가리아어

중앙아프리카 공화국

- 수도: 방기
- 인구: 459만 명
- 공용어: 프랑스어

캐나다

- 수도: 오타와
- 인구: 3629만 명
- 공용어: 영어, 프랑스어

중국

- 수도: 베이징
- 인구: 13억 7867만 명
- 공용어: 중국어

칠레

- 수도: 산티아고
- 인구: 1791만 명
- 공용어: 스페인어

콩고 민주 공화국

- 수도: 킨샤사
- 인구: 7874만 명
- 공용어: 프랑스어

콜롬비아

- 수도: 보고타
- 인구: 4865만 명
- 공용어: 스페인어

대한민국

- 수도: 서울
- 인구: 5164만 명
- 공용어: 한국어

북한

- 수도: 평양
- 인구: 2537만 명
- 공용어: 한국어

크로아티아

- 수도: 자그레브
- 인구: 417만 명
- 공용어: 크로아티아어

코트디부아르

- 수도: 야무수크로
- 인구: 2370만 명
- 공용어: 프랑스어

덴마크

- 수도: 코펜하겐
- 인구: 573만 명
- 공용어: 덴마크어

쿠바

- 수도: 아바나
- 인구: 1148만 명
- 공용어: 스페인어

이집트

- 수도: 카이로
- 인구: 9569만 명
- 공용어: 아랍어

도미니카 공화국

- 수도: 산토도밍고
- 인구: 1065만 명
- 공용어: 스페인어

에콰도르

- 수도: 키토
- 인구: 1639만 명
- 공용어: 스페인어

아랍 에미리트

- 수도: 아부다비
- 인구: 927만 명
- 공용어: 아랍어

미국

- 수도: 워싱턴
- 인구: 3억 2313만 명
- 공용어: 영어

스페인

- 수도: 마드리드
- 인구: 4644만 명
- 공용어: 스페인어, 카탈루냐어, 갈리시아어, 바스크어

핀란드

- 수도: 헬싱키
- 인구: 550만 명
- 공용어: 핀란드어, 스웨덴어

에티오피아

- 수도: 아디스아바바
- 인구: 1억 240만 명
- 공용어: 암하라어, 영어, 아랍어

가봉

- 수도: 리브르빌
- 인구: 198만 명
- 공용어: 프랑스어

프랑스

- 수도: 파리
- 인구: 6690만 명
- 공용어: 프랑스어

영국

- 수도: 런던
- 인구: 6564만 명
- 공용어: 영어

가나

- 수도: 아크라
- 인구: 2821만 명
- 공용어: 영어

기니

- 수도: 코나크리
- 인구: 1240만 명
- 공용어: 프랑스어

그리스

- 수도: 아테네
- 인구: 1075만 명
- 공용어: 그리스어

온두라스

- 수도: 테구시갈파
- 인구: 911만 명
- 공용어: 스페인어

아이티

- 수도: 포르토프랭스
- 인구: 1085만 명
- 공용어: 프랑스어

인도

- 수도: 뉴델리
- 인구: 13억 2417만 명
- 공용어: 힌디어, 영어

헝가리

- 수도: 부다페스트
- 인구: 982만 명
- 공용어: 헝가리어

이란

- 수도: 테헤란
- 인구: 8028만 명
- 공용어: 페르시아어

인도네시아

- 수도: 자카르타
- 인구: 2억 6112만 명
- 공용어: 인도네시아어

아일랜드

- 수도: 더블린
- 인구: 477만 명
- 공용어: 아일랜드어, 영어

이라크

- 수도: 바그다드
- 인구: 3720만 명
- 공용어: 아랍어, 쿠르드어

이탈리아

- 수도: 로마
- 인구: 6060만 명
- 공용어: 이탈리아어

이스라엘

- 대표 도시: 텔아비브야파
- 인구: 855만 명
- 공용어: 히브리어, 아랍어

일본

- 수도: 도쿄
- 인구: 1억 2700만 명
- 공용어: 일본어

자메이카

- 수도: 킹스턴
- 인구: 288만 명
- 공용어: 영어

카자흐스탄

- 수도: 아스타나
- 인구: 1780만 명
- 공용어: 러시아어, 카자흐어

요르단

- 수도: 암만
- 인구: 946만 명
- 공용어: 아랍어

라오스

- 수도: 비엔티안
- 인구: 676만 명
- 공용어: 라오어

케냐

- 수도: 나이로비
- 인구: 4846만 명
- 공용어: 영어, 스와힐리어

라이베리아

- 수도: 몬로비아
- 인구: 461만 명
- 공용어: 영어

레바논

- 수도: 베이루트
- 인구: 601만 명
- 공용어: 아랍어, 프랑스어

룩셈부르크

- 수도: 룩셈부르크
- 인구: 58만 2972명
- 공용어: 룩셈부르크어, 프랑스어, 독일

리비아

- 수도: 트리폴리
- 인구: 629만 명
- 공용어: 아랍어

마다가스카르

- 수도: 안타나나리보
- 인구: 2489만 명
- 공용어: 말라가시어, 프랑스어

마케도니아

- 수도: 스코페
- 인구: 208만 명
- 공용어: 마케도니아어

말라위

- 수도: 릴롱궤
- 인구: 1809만 명
- 공용어: 치체와어, 영어

말레이시아

- 수도: 쿠알라룸푸르, 푸트라자야(행정)
- 인구: 3119만 명
- 공용어: 말레이어

모로코

- 수도: 라바트
- 인구: 3528만 명
- 공용어: 아랍어, 베르베르어

말리

- 수도: 바마코
- 인구: 1799만 명
- 공용어: 프랑스어

몰도바

- 수도: 키시너우
- 인구: 355만 명
- 공용어: 루마니아어

멕시코

- 수도: 멕시코시티
- 인구: 1억 2754만 명
- 공용어: 스페인어

몬테네그로

- 수도: 포드고리차
- 인구: 62만 2781명
- 공용어: 몬테네그로어

몽골

- 수도: 울란바토르
- 인구: 303만 명
- 공용어: 몽골어

나우루

- 수도: 야렌
- 인구: 1만 3049명
- 공용어: 나우루어

나미비아

- 수도: 빈트후크
- 인구: 248만 명
- 공용어: 영어

나이지리아

- 수도: 아부자
- 인구: 1억 8599만 명
- 공용어: 영어

니제르

- 수도: 니아메
- 인구: 2067만 명
- 공용어: 프랑스어

뉴질랜드

- 수도: 웰링턴
- 인구: 469만 명
- 공용어: 영어, 마오리어

노르웨이

- 수도: 오슬로
- 인구: 523만 명
- 공용어: 노르웨이어

우간다

- 수도: 캄팔라
- 인구: 4149만 명
- 공용어: 영어

오만

- 수도: 무스카트
- 인구: 442만 명
- 공용어: 아랍어

파키스탄

- 수도: 이슬라마바드
- 인구: 1억 9320만 명
- 공용어: 우르두어, 영어

우즈베키스탄

- 수도: 타슈켄트
- 인구: 3185만 명
- 공용어: 우즈베크어

파푸아 뉴기니

- 수도: 포트모르즈비
- 인구: 808만 명
- 공용어: 히리 모투어, 톡 피신어, 영어

파나마

- 수도: 파나마시티
- 인구: 403만 명
- 공용어: 스페인어

페루

- 수도: 리마
- 인구: 3177만 명
- 공용어: 스페인어, 케추아어, 아이마라어

네덜란드

- 수도: 암스테르담
- 인구: 1702만 명
- 공용어: 네덜란드어

폴란드

- 수도: 바르샤바
- 인구: 3795만 명
- 공용어: 폴란드어

필리핀

- 수도: 마닐라
- 인구: 1억 332만 명
- 공용어: 필리피노어, 영어

루마니아

- 수도: 부쿠레슈티
- 인구: 1971만 명
- 공용어: 루마니아어

포르투갈

- 수도: 리스본
- 인구: 1032만 명
- 공용어: 포르투갈어

르완다

- 수도: 키갈리
- 인구: 1192만 명
- 공용어: 르완다어, 프랑스어, 영어

러시아

- 수도: 모스크바
- 인구: 1억 4434만 명
- 공용어: 러시아어

세네갈

- 수도: 다카르
- 인구: 1541만 명
- 공용어: 프랑스어

엘살바도르

- 수도: 산살바도르
- 인구: 634만 명
- 공용어: 스페인어

싱가포르

- 수도: 싱가포르
- 인구: 561만 명
- 공용어: 중국어, 말레이어, 영어, 타밀어

세르비아

- 수도: 베오그라드
- 인구: 706만 명
- 공용어: 세르비아어

소말리아

- 수도: 모가디슈
- 인구: 1432만 명
- 공용어: 소말리어, 아랍어

슬로바키아

- 수도: 브라티슬라바
- 인구: 543만 명
- 공용어: 슬로바키아어

스리랑카

- 수도: 스리자야와르데네푸라코테(행정), 콜롬보(상업)
- 인구: 2120만 명
- 공용어: 신할리즈어, 타밀어, 영어

수단

- 수도: 하르툼
- 인구: 3958만 명
- 공용어: 아랍어, 영어

스위스

- 수도: 베른
- 인구: 837만 명
- 공용어: 독일어, 프랑스어, 이탈리아어, 로만슈어

스웨덴

- 수도: 스톡홀름
- 인구: 990만 명
- 공용어: 스웨덴어

탄자니아

- 수도: 도도마
- 인구: 5557만 명
- 공용어: 스와힐리어, 영어

시리아

- 수도: 다마스쿠스
- 인구: 1843만 명
- 공용어: 아랍어

태국

- 수도: 방콕
- 인구: 6886만 명
- 공용어: 타이어

체코

- 수도: 프라하
- 인구: 1056만 명
- 공용어: 체코어

터키

- 수도: 앙카라
- 인구: 7951만 명
- 공용어: 터키어

튀니지

- 수도: 튀니스
- 인구: 1140만 명
- 공용어: 아랍어

우루과이

- 수도: 몬테비데오
- 인구: 344만 명
- 공용어: 스페인어

우크라이나

- 수도: 키예프
- 인구: 4500만 명
- 공용어: 우크라이나어

베트남

- 수도: 하노이
- 인구: 9270만 명
- 공용어: 베트남어

베네수엘라

- 수도: 카라카스
- 인구: 3157만 명
- 공용어: 스페인어

짐바브웨

- 수도: 하라레
- 인구: 1615만 명
- 공용어: 쇼나어, 은데벨레어, 영어 등 16개 언어

예멘

- 수도: 사나
- 인구: 2758만 명
- 공용어: 아랍어